수학이 단순하다는 것을 믿지 않는 사람은

오로지 삶이

얼마나 복잡한지를 깨닫지 못하기 때문이다.

_ 존 폰 노이만

억대 버는

수학공부방

모든 것

| 일 러 두 기 |

이 책에 나오는 학생들의 이름은 모두 가명입니다.

억대 버는 수학공부방 모든 것
대한민국 No.1 카페 성 공 운 개설운영자 김보미 원장

인쇄일 1판1쇄 | 2024년 6월 11일
발행일 1판1쇄 | 2024년 6월 21일

지은이 | 김보미
펴낸이 | 김성주

펴낸곳 | 황금열쇠
등　록 | 2012년 4월 6일
주　소 | 서울시 강남구 광평로 295, 서관동 1319호
전　화 | 031-608-7701
팩　스 | 02-6008-0488
이메일 | goldkey4you@naver.com

ⓒ 김보미 2024
ISBN 979-11-88326-76-1 13320

이 책의 저작권은 황금열쇠가 소유합니다. 저작권법에 의해 한국 내에서
보호를 받는 저작물이므로 무단전재와 무단복제를 금합니다.
* 책값은 뒤표지에 있습니다.

대한민국 No.1 카페 성 공 운 개설운영자 김보미 대표

억대 버는 수학 공부방 모든 것

김보미 지음

Prologue

혼자 100명도 가뿐한
억대 수학공부방

"공부방으로 억대 연봉?"

"그것도 수학 단 한 과목으로 정말 가능한가요?"

20년 넘게 공부방 창업과 운영을 코칭해오면서 선생님들께 가장 많이 듣는 이야기이다. 나는 자신있게 대답한다.

"네. 가능합니다. 혼자 100명도 가뿐합니다."

지금 대한민국에서 수학은 입시를 좌우하는 가장 중요한 과목이다. 20년 넘게 공부방 창업과 운영 코칭을 해오면서 나뿐만 아니라, 놀라운 성공을 이뤄낸 선생님들을 많이 지켜보았다. 물론 전국의 수학 공부방이 모두 성공하고 있는 것은 아니다. 그래서 창업부터 운영, 고속성장하는 비결을 나누고자, 이 책을 쓰기로 했다.

나에게도 처음이 있었다. 22년째 학생들을 가르치고 있지만, 처음부터 교육자가 좋아서 시작한 것은 아니었다. 대학생 때 했던 과외가 계기가 되어 학습지, 학원 강사를 하게 되었고, 그후 나만의 사업을 하고 싶다는 생각에 시작한 것이 공부방이었다.

누구나 사업은 힘들다고 말한다. 하지만 공부방 운영은 학생들의 성적과 관리, 학부모 상담, 홍보 등등 모든 것을 오로지 내가 결정하고, 내가 책임을 져야 한다. 정말 외롭고 힘든 직업이다.

내가 창업했던 시절은 지금처럼 커뮤니티 카페가 있었던 것도 아니었고, 주위에 다른 공부방이 있는 것도 아니어서 조언을 구할 방법이 없었다. 모든 것을 스스로 부딪쳐 배워야 했다.

특히 학생들의 성적을 올려야 성공한다는 부담감 때문에 무서운 선생님이 되어 아이들을 끌고 갔다. 아이들과의 소통보다는 교재를 끝내는 것에 집중하고, 많은 양의 문제를 풀게 했다. 결론적으로 학생들의 성적은 올랐지만 정작 나는 스트레스가 심해졌다. 수학문제를 이해하지 못하는 학생, 집중 못하는 학생들에게 화가 났다. 매일 큰소리가 두 번 이상 공부방에 울려퍼졌다. 그렇게 애써 성적을 올려놓았더니 학생들은 떠나버리고, 다시 하위권 학생들이 들어왔다. 악순환이었다.

지금 돌이켜 생각해보면 그때가 가장 힘든 시기였던 것 같다. 퇴원생의 빈자리를 보며 허탈감은 커져갔고, 다시 신규생 모집을 위해 고민을 반복했다. 어느날 문득, 매일 공부방에 갇혀 사는 내 자신의 모습이 너무 힘들어 보였다. 그래서 공부방을 접었다.

한동안 휴식끝에 나는 다른 지역에서 공부방을 시작했다.

'학생들의 성적을 올려야 한다는 부담감은 조금은 내려놓자.'

나 자신을 닦달하지 않고, 예전과는 다른 모습으로 아이들에게 다가갔다. 아이들과 소통하면서 수업을 진행했다. 대화를 할수록, 나도 모르게 아이들에 대한 애정이 커져 갔다.

'그래. 공부가 좋은 아이들이 어디 있겠어. 나도 학창시절에 공부하는 것이 힘들었잖아. 이때는 놀고 싶은 것이 당연하지.'

아이들을 더 이해하게 되자 수업에도 변화가 생겼다.

'공부도 힘든데 선생님까지 싫고, 수업이 지루하면 안 돼! 내가 재미있는 선생님이 되어 봐야겠다.'

그래서 각종 수업 영상을 구해 보면서 판서 수업을 연습하고, 개념 수업을 위한 교구를 찾아보고, 아이들이 재미있어할 얘기도 만들고, 재미난 표정도 동작도 고민했다. 그렇게 연습한 것을 수업에 활용했을 때 해맑게 웃는 아이들을 보니, 정말 뿌듯했다. 그때의 노력과 습관 때문일까? 지금도 말할 때 표정이 조금은 과하고, 손짓을 많이 사용한다.

내가 오히려 수업 시간을 기다릴 정도가 되자 변화가 생겨났다. 아이들이 공부방에 빠지는 일이 없어졌다. 현장 체험 학습 날이면 슬

쩍 빠지던 아이들이 이제는 엄마들의 만류에도 아무리 피곤해도 수업은 들어야 한다며 웃으며 나타났다. 더 놀라운 것은 퇴원생이 생기지 않는 것이었다. 나를 보면 피하고 불편해하는 게 아니라, 먼저 뛰어와 인사하고, 선생님 드시라고 과자 사들고 오고, 친구들에게 우리 선생님이 좋다고 홍보대장을 자처하기도 했다. 그런 아이들을 보면서 학부모님들도 나와 내 공부방을 신뢰했다.

억대 공부방의 시작은 그저 아주 작은 생각의 변화와 노력에서 비롯되었던 것이다.

열 가지를 다 잘하기란 어려워도 한 가지를 잘하기는 수월하다. 수학은 입시의 킬러 과목이고 노력만큼 확실한 보상을 안겨준다.

시작이 반이다. 내가 먼저 이해하고 변화하자. 조급해하지 말고 현재 상황에서 내가 무엇을 바꿀 수 있는지 고민해 보자. 남들이 하는 좋은 방법을 따라하는 것도 좋다. 이 책이 좋은 안내서가 될 수 있도록, 시행착오 없이 바로 시작해 볼 수 있는 노하우들을 담았다.

나는 지금도 믿고 있다.

'진심은 통하고 노력은 배신하지 않는다.'고 말이다.

김보미

차례

Prologue 혼자 100명도 가뿐한 역대 수학 공부방

초중고 수학 공부방·학원 성공사례 3

012 • 〈한줄수학〉 공부방 : 진심과 정성으로 가르치겠습니다

038 • 〈수학날다〉 공부방 하지나 원장 : 안되면 될 때까지! 모르면 알 때까지! 스스로 할 때까지!

056 • 〈서울대 황규만 수학학원〉 : 예비고1부터 고3 9월 모의고사까지 성적향상 포인트 & 전략

퇴원 제로를 만드는 기본 수업법

102 • 퇴원생 제로, 장기회원 만드는 비법

114 • 최적의 교재 선택법과 수업 방식

122 • 하위권 학생이 역대 공부방의 일등공신?

132 • 수학의 재미를 맛보게 하라!

새 교육 트렌드, 내 지역에 맞춘 수업과 운영법

146 • 학교 시험 없는 학생들과 학부모 관리법

156 • 내 공부방 차별화! 교육소식 공지, 공부방 자체 시험

164 • 2022년 개정 교육과정에 맞춘 새 수업법

170 • 수학 상시 평가, 서술형 평가 대비하는 특급 노하우

억대 공부방만의 특별 수업법

186 • 학생별 맞춤 수업, 이렇게 하세요

198 • 집중력 좋아지는 교구·게임 활용 수업

206 • 재밌고 행복한 시험, 공부방 주간 평가

214 • 시행착오 끝에 탄생한 미션 이벤트

학부모가 감동하는 소통법

230 • 재미있는 선생님과 만만한 선생님은 다릅니다

240 • 학부모를 내편으로 바꾸는 마법의 상담법

250 • 학생들과 라포 형성하기

초중고 수학 공부방·학원 성공사례 3

수학공부방 성공사례 1

〈한줄수학〉 공부방

진심과 정성으로 가르치겠습니다

몇 달 전, 내가 살고 지역 맘 카페에 수학학원을 추천해 달라는 글이 올라왔다. 그리고 그 아래, 다음과 같은 댓글이 달렸다.

"양덕 살 때 〈한줄수학〉에 다녔었는데 이사 오고 나니 그 수학학원이 제일 아쉬워요."
"〈한줄수학〉이요, 저희 아이도 지금 다니는데 최고입니다."

맘 까페에 추천 댓글이 달리자 정말 많은 문의전화가 쇄도했다.

이미 그 당시에는 전 학년 등록이 마감된 상태라서 더 이상 학생을 받을 수 없는 상황이었기 때문에 나는 대기 등록마저도 거절해야만 했다.

사실 공부방 선생님이라면 다 아실 것이다. 10분만 내 공부방 주변을 산책해도 곳곳에서 정말 많은 공부방과 학원, 교습소를 볼 수 있다. 처음에는 나도 걱정이 많았다.

'이 많은 공부방과 교습소, 학원들과 어떻게 경쟁하지?'

내 지역의 공부방이며 교습소들이 모두 내 경쟁자처럼 느껴져서 혼자 전의를 불태우곤 했다. 하지만 지금 나는 오로지 〈한줄수학〉에만 집중하고 있다. 그리고 늘 혼자 곰곰이 생각해보곤 한다.

이렇게 많은 곳들을 놔두고 많은 학생과 학부모님들이 왜 우리 〈한줄수학〉 공부방을 선택했을까?

〈한줄수학〉 한줄수학만의 차별점은 과연 무엇일까?

오랜 시간 고민한 후, 나는 답을 찾았다.

그것은 바로 '진심과 정성'이다.

수학 공부방을 처음 오픈할 때부터 내가 줄기차게 외쳤던 것이 "진심과 정성으로 가르치겠습니다."였다.

이것은 그냥 단순한 홍보문구가 아니었다. 나를 선택해 준 학부모님과 그리고 나를 "선생님"이라 불러주는 학생들에게 내가 하는 약속이자, 나의 진심이었다.

> 진심과 정성으로 가르치겠습니다

그 약속을 지키기 위해 고군분투한 시간들이 쌓이고 쌓여 지금의 〈한줄수학〉을 만든 것이다고 생각한다.

왜 초등 전문 수학 공부방인가?

〈한줄수학〉공부방은 현재 초등 전문 수학 공부방이다.

처음에는 초등학교 4학년부터 중학교 3학년까지를 대상으로 모집을 했었다. 하지만 어린 아들을 제쳐두고, 중등 내신 한 달 전부터 모든 주말을 보강에 바치고 있는 내 모습을 발견하게 되었다. 이렇게는 안되겠다 싶었다.

과감히 중등 수업을 정리했다. 초등 2학년부터 6학년까지 수업을 진행하는 것으로 변경하였다. 당시 초등학교 저학년 수업에 대한 문의가 많았기 때문에 학생을 모집하는 것에 부담은 없었다.

하지만 제일 걱정되는 것은 초등 수업만 한다고 하면 '혹시 선생님 실력이 부족해서 그런 거 아냐?' 라는 부정적인 인식이 생기지 않을까 하는 점이었다. 그러나 그것은 나의 기우에 불과했다.

그 어느 학부모님도, 학생들도 나의 실력을 의심하기보다는 초등 6학년이 끝나고 중등까지 수업하지 않게 되는 것을 무척이나 아쉬워했다. 참 감사한 일이었다.

┌ 　　　　　　　　　　　　　　　　　　　　　
　　　　　　초등 + 중등수업 ⇒ 초등 집중
　　　　　　　　　　　　　　　　　　　　　┘

다른 공부방 선생님들도 자신의 성향과 공부방 운영의 상황을 잘 파악하여 초등 중심의 수업이 맞는다면, 확신을 가지고 열심히 도전해 보시길 추천드린다.

짧은 문의전화도 소중해

공부방을 오픈하면서 홍보를 시작하고, 네이버 플레이스에도 공부방을 등록하였다.

모르는 번호로 전화가 오면 떨리는 가슴을 부여잡고 최대한 안정된 목소리로 "안녕하세요. 〈한줄수학〉입니다입니다."라고 말하던 내 모습이 떠오른다. 얼마나 기다리고 기다리던 전화였던가. 하지만 네이버 플레이스에 등록한 후, 한 달간은 실제 문의전화보다 광고 전화가 훨씬 많이 온다.

　매번 기대와 실망을 반복했지만, 나는 한 번 걸려오는 문의전화도 언제 찾아올지 모르는 소중한 기회라고 생각했다. 그래서 나는 미리 문의전화를 대비하는 연습을 많이 했다. 먼저 학부모님들의 예상 질문과 내 답변을 작성하고, 그것을 보면서 연습하고 또 연습했다. 또한 학부모님이 듣는 내 목소리와 억양에 혹시라도 이상이 있지는 않을까, 직접 녹음해 반복적으로 들어보고 어색한 부분이 있으면 만족스러울 때까지 수정을 거듭했다. 그리고 친구에게 부탁하기도 했다.

　'지금 네 자녀를 보낼 거라고 생각하고, 공부방에 전화한 거야. 그러니까 뭐든 질문해 봐.'

　이런 방식으로 실전 연습도 많이 했다. 이렇게 준비하다 보니 어느새 〈한줄수학〉에 걸려오는 모든 문의전화는 방문 상담으로 이어지게 되었다.

　문의에 대한 상담 내용 준비를 철저히 하는 것은 물론이요, 학부모님께 핸드폰 넘어 들리게 될 공부방 선생님의 목소리와 억양도 반드시 체크하시길 바란다. 말투와 억양을 교정하는 것만으로도 내가 뱉는 말의 무게와 전달력이 달라지기 때문이다.

　더불어 학부모의 마음에 남을 '자신만의 결정적인 멘트'도 반드시 몇 개는 준비해두자!

> "제가 학생들 한 명 한 명을 너무 좋아하고, 또 예뻐합니다. 이런 제 진심을 느끼는 아이들 역시 저를 좋아하고, 잘 따릅니다. 그러다 보니 열심히 공부하게 되고, 또 열심히 공부하다 보니 실력이 오르게 되면서 저희 학원과 저를 더 많이 좋아하게 되는 것 같습니다. 어떻게 이런 선순환이 계속 일어나는지는 직접 오셔서 저희 수업 모습과 커리큘럼 들어 보시며 직접 확인해 보시기 바랍니다."

방문 상담의 경우 나는 미리 방문하게 될 학생에 맞춘 내용을 준비했다. 전화상담을 통해 학생의 기본 정보를 파악하는 것은 물론이고, 무슨 이유 때문에 수학 공부방을 알아보는지 최대한 다양하게 학생 상황을 파악해놓고, 방문하게 될 학생에 맞춰 미리 상담 내용을 작성해 놓는 것이다.

여기서 〈한줄수학〉만의 한 가지 노하우를 이야기하자면, 문의전화나 상담이 끝난 후에, 나는 가정에서 아이들과 함께 하면 좋을 만한 보드게임을 정리하여 학원 이름과 함께 이미지로 만들어 전달하였다. 그 이미지를 학부모들끼리 공유하며, 기대하지 못했던 홍보효과도 있었다.

현재는 모든 등록이 마감되었기에, 방문상담으로 유도하지 않는다. 하지만 이런 경우에도 〈한줄수학〉만의 약속, 진심과 정성의 원칙을 잊지 않는다. 문의전화를 건 학부모님의 고민을 언제나 자세히 경청하고 내가 전문가로서 이야기할 수 있는 조언들은 꼭 해드린다.

선 학생, 후 학부모

방문 상담은 반드시 학생 등록으로 이어져야 한다.

만약 등록으로 이어지지 않는다면, "그 공부방 가봤는데 별거 없더라."라는 식의 소문만 무성해져 오히려 역효과가 날 수 있다.

학생과 학부모가 시간을 투자하여 우리 공부방까지 찾아와서 살펴보자 했다면, 어느 정도는 등록하려는 마음을 갖고 있는 게 분명한 사실이다. 이제 그 마음을 진짜 등록으로 연결하게 만드는 것은 온전히 공부방 선생님의 역량이다.

나는 방문상담을 두 번으로 나누어 진행했다.

학생과 1 : 1로 상담을 진행한 후, 며칠 후에 학부모님과의 1 : 1 상담을 하는 식이다.

학생과의 상담 시에는 진단 테스트를 진행한 후, 학생이 어려워했던 문제를 쉽게 설명해 주면서 나와 함께 공부하면 해낼 수 있다는 것을 직접 느끼게 해주었다. 더불어 꿈이 무엇인지를 시작으로 여러 이야기를 나누며 학생의 이야기를 듣고자 했다.

여기서 한 가지 더!

나는 학생과 간단한 보드게임까지 하고 나서 집으로 돌려보냈다. 이렇게 되면 등록은 거의 확정됐다. 집으로 돌아가 〈한줄수학〉에 대해 신나게 이야기하는 아이들의 모습을 학부모님은 어느 정도 마음의 결정을 한 상태로 1 : 1 상담에 오셨다.

물론 학부모 상담 준비도 철저히 한다.

학부모 1:1 상담 시간에는 진단 테스트 결과는 물론 전화 상담에서 알게 된 학부모님의 고민을 바탕으로 하여, 〈한줄수학〉이 어떻게 취약한 부분을 채워주고 해결할 수 있는지 자세히 설명해 드렸다.

> 방문 상담을 두 번으로 나누어 진행한다.
> 학생 먼저 1:1로 상담하고,
> 며칠 후에 1:1로 학부모 상담을 하는 방식이다.
> 그 효과는 상당했다.

이렇게까지 하고 나면 99퍼센트 등록으로 이어졌다.

진단 테스트 결과를 알려드린 후, 커리큘럼을 설명하기에 앞서 학생의 애정이 담긴 그림을 먼저 보여드린다. 이 그림을 그린 나영이가 초등3학년 때 수학이 싫다며 책을 던져버리는 모습에 어머님이 놀라 학원으로 방문해 등록해 주셨고, 현재는 장래희망이 수학선생님일 정도로 수학을 좋아하고 열심히 공부하고 있다는 이야기와 함께 말이다. 이는 학부모님이 더 열린 마음으로 상담에 귀 기울일 수 있게 만들며, 이 그림을 그린 나영이를 떠올리며 미소 짓고, 자랑스러워는 나의 모습에서도 느끼는 바가 있으셨으리라 생각해본다.

역시나 여기서 〈한줄수학〉만의 노하우 한 가지 더!

상담 내용을 미리 PPT로 만들어 보여드리면서 상담에 임했다.

PPT에는 학생의 '진단 테스트 결과 / 커리큘럼 / 직접 만든 수업 자료 / 수업 모습 / 〈한줄수학〉을 다니며 발전한 재학생의 문제풀이 사진 before & after / 학생과의 카톡 대화' 등을 담았다.

이렇게까지 하고 나면, 거의 모든 상담이 등록으로 이어졌다.

상담 시에는 반드시 빼놓지 말아야 할 것들이 있다.

숙제 양, 보강 규정, 이벤트 데이 등 학부모님의 동의를 구하여야 하는 부분까지 확실하게 말씀드리는 것이 좋다.

중요한 또 한 가지는 현행 중심의 심화 수업인지, 선행 위주의 수업인지 그리고 학생들을 가르침에 있어 내가 중요하게 생각하는 것이 무엇인지를 반드시 전하도록 한다. 한 명이라도 더 받고 싶은 마음에 모든 것을 학부모님의 입맛대로 맞출 수 있는 것처럼 대하면 뒷날에 큰 문제가 되고 만다.

내 공부방만의 차별화된 전략은 없어 보이고, 학생마다 요구하는 것들이 다양해진다. 오히려 학생 수가 늘어날수록 선생님의 피로도는 급격히 상승하는 역효과가 난다. 결국 피로감이 쌓이면 일 자체에 회의가 드는 지경에 이르기 때문에 상담 때부터 자신만의 공부방 운영 원칙을 명확하게 알려야 하는 것이다.

나는 상담 때마다 학부모님께 꼭 드리는 말씀이 있다.

그것은 학부모와 선생님이 갑과 을의 관계가 아닌 소중한 한 아이를 잘 키워내기 위한 '파트너가 되어야 한다.'는 사실이다.

진정한 배움이란 존경심이 바탕이 되어야 한다. 혹여 불만이 있더라도 학원을 그만둘 생각이 아니라면 학생 앞에서는 공부방이나 선생님, 그리고 수업 방식 등에 대한 불만이나 간섭을 절대 삼가주시길 부탁드린다. 나 역시도 학부모님의 도움이 필요한 상황이면 바로 연락을 드릴 테니 "함께 노력해서 우리 학생을 잘 키워보자."라고 말씀 드리며 상담을 마무리한다.

가끔은 내가 너무 상담에 많은 시간을 쏟는 것 아니냐고 묻곤 하는데, 등록으로 이어지지 않는 무의미한 상담을 반복하는 것이 오히려 더 비효율적이 아닐까?

한 번을 하더라도 확실하게 상담해서 우리 공부방 학생으로 만드는 것이 더욱 시간을 가치있게 쓰는 것이라고 믿는다. 무엇보다도 처음부터 학부모님의 신뢰까지 받고 시작할 수 있기 때문에, 수업을 진행함에 있어 학부모님의 간섭에서 해방될 수 있다는 게 얼마나 큰 기쁨(?)인지, 누구보다도 선생님들이 더 잘 아실 것이다.

물론 상담 후 등록을 하지 않는 경우도 있다. 그렇다 하더라도 우리 공부방의 이미지를 위해서라도 '선생님이 최선을 다하는 모습'을 학부모들에게 각인시켜 드리는 것이 정말 중요하다.

지금은 2학년부터 입학하는 학생들이 6학년까지 거의 이탈 없이 올라가고 있기 때문에 1년에 한번 <2학년 신입 클래스>만 모집 및 상담을 진행하고 있다. 상담에 대한 큰 부담이 없어진 상황이다.

지금의 이런 결과는 내가 초창기부터 공부방의 이미지를 위해 첫 상담부터 진심과 정성을 다해 임했기 때문이라 생각한다.

차별화된 수업이 차별화된 실력을 만든다

공부방이 잘 되기 위해서 가장 중요하게 여겨야 하는 것은 무엇일까?

그것은 바로 "수업"이라 생각한다.

우리는 지식의 전달자이다. 내가 많은 것을 알고, 문제를 잘 푸는 것을 넘어 학생들을 더 쉽게 이해시킬 수 있는 능력을 반드시 겸비하여야 한다.

그래서 나는 학생들이 어려워하는 단원이나 새로운 문제의 유형은 학생들의 눈높이에 맞춰 이해시키고자 노력의 노력을 거듭했고, 학생들이 암기하고 기억해야 할 것은 연상작용까지 할 수 있도록 준비하였다.

코로나로 면대 면 수업이 어려워진 상황 속에서는 학생들이 어려워하는 문제들을 직접 영상으로 만들어 보내주었다. 처음 영상을 만들 때는 내 설명이 나도 마음에 들지 않아 수십 번을 녹화했었다. 아이들의 눈높이에서 아이들의 언어로 더욱 이해하기 쉽고, 또한 집중력을 잃지 않게 하기 위해 노력했다.

이런 시간이 쌓이고 쌓여 나의 강의력은 〈한줄수학〉의 또 다른 차별점이 되었다. 혹시라도 선생님 자신의 수업이 원활하지 않다고 느껴진다면, 직접 한번 강의를 녹화하고 들어볼 것을 추천한다.

한줄수학의 연상작용 티칭법

예1) "연필 1타가 몇 자루예요?"라는 학생들의 단골질문이다.

나는 "12자루"라고 하지 않고, "연필 1타는 1월에서 12월까지 한 달에 한 개씩 쓰라고 12개야" 라고 말해준다. 그 멘트 하나로 학생들의 머리에 "1타 = 12자루"는 바로 입력 완료!

예2) 처음 뺄셈을 학습할 때는 반드시 덧셈으로 검산하도록 지도하고 있다.

하지만 뺄셈도 처음이라 힘든데, 그 결과를 가지고 덧셈까지 하라고 하면 귀찮아하고, 힘들어하는 학생들이 종종 있기에 아래와 같은 설명을 해준다.
"선생님 몸무게가 30kg인데……"라는 말로 운을 떼면 절대 그럴 리가 없다는 표정으로 학생들이 나를 쳐다본다. "다이어트를 해서 10kg을 뺐어. 그럼 몸무게가 얼마지? 그렇지 20kg 이지. 그런데 요요가 와서 다시 10kg이 쪄버렸네. 그럼 얼마야? 그래! 다시 처음과 같은 30kg 이 되어버렸네." 하고 식으로 위의 말을 정리해 보여주면 뺄셈과 덧셈의 관계를 쉽게 이해하고, 검산도 즐겁게 해내는 모습을 볼 수 있다.

더불어 이전까지는 학생들이 힘들어하는 개념이나 문제는 교구를 활용한 수업을 진행했다면, 코로나 시기에는 그럴 수 없었기에 나만의 ppt 자료를 만들어 수업에 활용하였다. 유튜브나 미디어에 익숙한 세대이기에 직접 교구를 조작하지 않아도 애니메이션이 가미된 ppt로 더욱 빠르게 이해시키고, 집중시킬 수 있었다. 물론 수업을 준비하고 진행하는 선생님 입장에서도 교구수업보다 여러모로 훨씬 효율적이었다.

> 어려운 문제들은 직접 해설 영상을 만들어 보내줬다.
> 또한 애니메이션이 가미된 ppt 자료를
> 만들어 더 빠르게 이해시키고 집중시켰다.
> 학생의 이해도는 높아지고,
> 선생님의 강의력 또한 성장했다

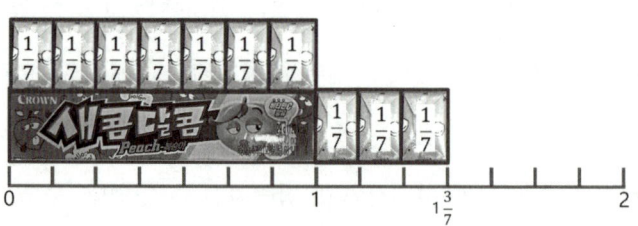

예1) 수직선 위의 수를 묻는 문제를 처음 접하는 학생들에게 1을 7등분 했으니 한 칸이 1/7이라고 설명을 해도 쉽게 이해하지 못하는 경우가 많다.

하지만 PPT로 만들어진 위의 사진을 보여주며 설명을 해주면 한 번에 이해하고 기억해 내는 것은 물론이요, 수업에 대한 집중력도 올라간다. 열심히 공부한 학생들에게 새콤달콤까지 한 개씩 나눠주면 너무나 즐거운 수업으로 학생들 마음에 남을 것이다.
(마이쭈는 10개가 들어있으니, 분수 소수 변환 수업을 할 때도 유용하니 참고하시길 바란다.)

예2) 문제집을 보면 대분수의 곱셈에서 아래와 같이 나와 있다.

$$2\frac{1}{4} \times 3 = (2 \times 3) + (\frac{1}{4} \times 3) = 6 + \frac{3}{4} = 6\frac{3}{4}$$

"분배법칙"을 배우지 않은 초등학생들의 입장에서는 참으로 이해하기 힘든 부분이라 생각한다.

그렇기에 문제집의 내용을 먼저 보여주기보다는 아래에 나온 것과 같이 직접 만든 PPT를 보여주며 설명을 한 다음, 학생들이 충분히 이해를 했다면 연산 연습으로 들어간다.

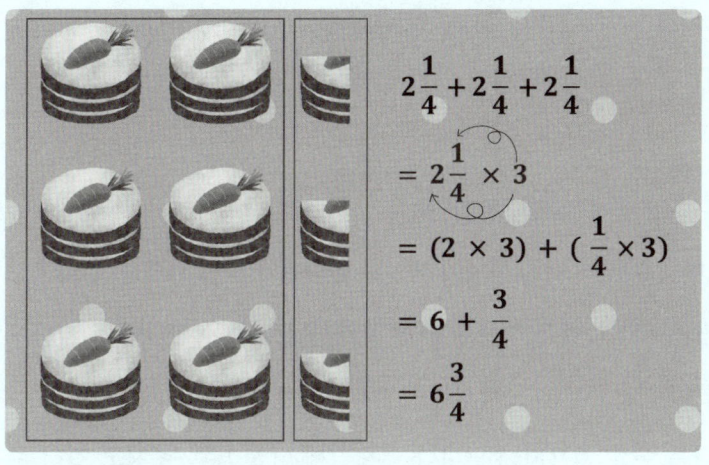

또한 이전까지는 책 속의 수학이었다면, PPT를 활용한 전자칠판 수업을 하며 훨씬 재미있는 수학 수업이 가능하게 되었다. 길이 단원은 학생 집에서 우리 공부방까지의 거리를 인터넷 지도에서 살펴보고 단위 변환을 해보기도 하고, 큰 수가 나오면 세계 부호의 재산을 검색하며 함께 확인해 보기도 한다.

이렇게 수학이 우리 삶에 꼭 필요한 것임을 함께 느끼고 경험하며, 수학에 대한 흥미와 재미를 불어넣는 시간을 보내고 있다.

이것이 바로 초등수학의 묘미가 아닐까 생각한다. 또한 초등수학이기에 가끔씩 수업과 관련한 짧은 게임을 만들어 진행한다면 학생들의 입에서 "우리 공부방 최고!"란 말이 절로 나올 것이다.

모두가 행복해지는 생일선물

〈한줄수학〉에서는 학생의 생일날 꽃다발과 함께 카드를 선물해 준다. 사실 이 꽃다발은 학생이 아닌 학부모님을 위한 선물이고, 카드도 내가 쓰는 것이 아니다. 학생들이 학부모님께 쓰는 것이다.

나는 어릴 적부터 생일마다 부모님께 나를 낳아 주시고 길러 주신 것에 대해 감사의 마음을 전했다. 그리고 〈한줄수학〉 학생들에게도 생일이 축하만 받는 날이 아니라, 꼭 부모님께 감사하는 날이 되기를 바랐다.

그런 나의 진심이 학생들에게도 잘 전해져서 학원을 졸업하고도 생일마다 부모님께 작은 선물과 편지를 전한다는 소식을 듣곤 한다. 이럴 때면 나는 공부방 선생님이라는 직업이 주는 또 다른 보람을 느낀다.

학원 홍보를 위해 시작한 건 아니었지만, 학부모님의 카카오톡

프로필에는 꽃다발 사진이 올라왔고, 자연스럽게 지인들과 〈한줄수학〉에 대한 이야기를 나누는 기회가 되었던 것 같다. 또한 동네에서는 학생들의 인성까지도 챙기며, 생일에 어머니한테 꽃과 감사의 마음을 전하도록 가르치는 학원이라 소문이 났다. 정말 일석이조가 아닌가 싶다.

받은 것보다 많이 가르치자

학부모가 퇴원을 생각하는 순간은 언제일까?

여러 이유가 있겠지만, 가장 큰 이유는 내가 낸 회비, 즉 '돈이 돈 값을 못한다.' 느껴질 때가 아닐까 싶다.

우리 공부방에서는 세 자릿수 X 두 자릿수를 배우고 나면 내가 내는 학원비가 얼마인지를 계산해 본다. 대부분의 학생들이 2학년부터 6학년까지 다니기에 총 5년을 두고 계산하면 결코 적은 돈이 아니다. 예상보다 큰 금액에 깜짝 놀라는 학생들을 보며, 이 돈은 자식을 위해 노력한 '부모님들의 땀과 눈물'이기에 정말 열심히 공부해야 한다고 설명해 준다. 그리고 나 역시도 학생을 보내주시는 부모님들의 마음을 기억하고, 받은 돈 값은 제대로 해야 한다는 생각으로 학생들을 만나고 가르친다.

그래서 그날 수업을 잘 이해하지 못한 듯한 학생이 있으면 어떻게든 시간을 내어 보강을 해준다. 주어진 보강 시간 안에 충분히 학습되었다 생각이 들지 않으면 또 시간을 내서 보강을 해준다. 학생이 이해하지 못한 부분이 있다면 이전에 내가 설명한 것과 다른 방식의 설명 방법을 연구하고 고민해 가르친다. 수학이라는 과목 특성상 시간이 조금 걸리지만, 학생이 포기하지 않는다면 반드시 발전하게 되어 있다.

학부모님은 어느새 나의 팬이 되어 홍보 대장으로 활동하고 계시게 된다. 학습능력과 이해력이 성장한 학생은 이전처럼 보강을 하지 않아도 수업을 잘 따라오기 때문에, 가르치는 입장에서도 보람을 더 크게 느낄 뿐 아니라 효율적인 공부방 운영을 할 수 있게 된다.

가끔은 내가 가르치는 모습을 보고, 초등학생을 대상으로 하는데 마치 중등 내신 준비하는 것 같다고 말씀하는 분들도 있다. 아마 그렇기에 〈한줄수학〉이 잘 되는 것이 아닐까 생각해 본다.

퇴원을 허하라

〈한줄수학〉에서는 지켜야 하는 규칙이 있다.

처음 입학할 때와 새 학년에 올라갈 때 그 규칙을 필사하고 본인의 사인과 부모님의 사인을 받아오는 것이다. 그런데 그렇게 해도 규칙을 지키지 않아서 가끔 퇴원을 당하는 친구들이 꼭 생겨난다.

퇴원을 통보하는 것은 언제나 너무 힘든 일이다. 시간을 조금 더 주면, 내가 좀 더 노력하면, 이 학생이 변화할 수도 있을 것 같은 희망의 끈을 놓기가 쉽지 않다.

재원생 규칙

학생 _____ 는 (은) 아래의 사항을 반드시 지킬 것을 약속합니다.

학　생　　　　　(사인)
학 부 모　　　　(사인)

1. 수강료는 부모님의 땀과 눈물이다.
   부모님과 나의 미래를 위해 최선을 다해 공부한다.

2. 선생님과 친구들을 존중하고, 수업시간 중 예의를 지킨다.
   (잡담, 욕설, 수업방해 절대 금지)

3. 숙제는 선생님과 나와의 약속이다.
   숙제를 하지 않거나 대충 한다면, 나머지 공부 및 보충수업을 한다.

4. 모르니까 배우러 오는 거다. 모르는 것은 알 때 까지 물어본다. 까지 물어본다.
   (단, 아는 부분까지는 반드시 식을 세우고, 최선을 다해 고민해 본다.)

5. 학원에서 공동으로 사용하는 물건은 내 물건처럼 소중히 사용합니다.

〈한줄수학〉에서는 지켜야 하는 규칙이 있다. 처음 입학할 때와 새 학년에 올라갈 때 규칙을 필사하고 부모님의 사인을 받아오게 한다.

하지만 내 잔소리가 길어지고, 열심히 하는 친구들이 어두운 분위기에서 수업을 받게 되는 등등 피해가 발생하고 있다는 판단이 서면 나는 어쩔 수 없이 퇴원을 권유한다.

퇴원을 시키면 '우리 공부방에 대해 안 좋은 소문이 나는 것이 아닐까?'라고 걱정했던 적도 있었다. 하지만 내가 최선을 다했다는 것을 학부모님들도 잘 알기에 처음에는 서운해하는 모습도 간혹 보이지만, 언제나 마무리는 잘 이뤄졌던 것 같다.

숙제가 문제로다

숙제가 많다면 학생들이 싫어할 것이고, 적다면 학부모님들이 싫어할 것이다. '숙제의 양'이 강사 시절 정말 큰 고민거리였다.

하지만 공부방을 운영하면서 초등학생들에게 중요한 것은 '숙제의 양'이 아닌 '숙제의 질'이라는 것을 깨달았다. 숙제의 양이 너무 많으면 '숙제를 위한 숙제'가 되어 오히려 수학을 싫어하고 질리게 만드는 원인이 된다.

그래서 나는 적은 양의 숙제라도 문제의 요지를 '정확하게' 파악하고, 풀이식을 '제대로' 쓰도록 숙제를 지도해오고 있다. 그뿐만 아니라 학생들의 수준보다 난이도가 높은 문제가 숙제로 나갈 때는 한 문제만 내기도 한다. 그 학생은 한 문제를 가지고 최소 20분 이상 고민하고 생각해오는 것이 바로 숙제인 것이다.

　이렇게 숙제를 끝내고 난 후에는 사진을 찍어 핸드폰으로 인증을 하게 한다. 틀린 문제가 있으면 고치도록 답장을 보내거나, 잘 해냈다면 귀여운 이모티콘과 함께 칭찬 세례를 해준다. 단체 수업이기에 공부방에서는 1 대 다수의 관계였다면, 숙제 인증을 통해 선생님과 아이는 1 대 1의 관계가 되는 셈이다.

　이 과정을 통해 제일 중요한 게 만들어진다. 바로 학생들과 라포가 형성되는 것이다. 그냥 선생님이 아닌 "우리 선생님"이 된다. 그리고 매일매일 내가 해주었던 칭찬들은 조금씩 조금씩 그 학생의 마음에 남게 되었다. 그 결과 학생의 태도와 표정이 모두 긍정적이 되었다는 학부모님들의 피드백을 많이 받았다.

┌───┐

숙제의 '양'이 아니라 숙제의 '질'이 중요하다.
적은 양이라도 문제의 요지를 '정확하게' 파악하고,
풀이식을 '제대로' 써야 한다. 난이도 높은 문제는
한 문제만 숙제로 낸다

└───┘

뜨겁게 가르치라

그날은 개인적인 이유로 마음이 너무 아픈 날이었다.

혼자서 운영하는 공부방이라 이런 이유로는 쉴 수가 없으니 어떻게든 오늘 수업만 잘 버텨 보자는 생각으로 학생들을 기다렸다. 그런데 제일 먼저 공부방에 도착한 학생이 "선생님~" 부르며 나를 꼭 안아 주는 것이었다. 그 짧은 포옹의 순간이 내게는 더할 나위 없는 큰 힘과 위로가 되어 그날의 수업도 여느 때처럼 잘 해낼 수 있었다.

그날 밤 생각했다. 나는 늘 내가 학생들에게 힘이 되어 주고, 동기 부여를 해줘야 하는 존재라 생각했는데 그 반대이기도 하다는 것을.

〈한줄수학〉은 학생들의 꿈을 이루어 나가는 공간이라 생각했는데 내 꿈도 함께 이루어 나가는 곳이라는 것을.

글 서두에서 우리 공부방이 잘 되는 이유로 "진심과 정성"이라 말했던 것을 기억할 것이다.

너무 추상적인 말같이 느껴질 수도 있지만, 내게 찾아오는 학생 한 명 한 명을 귀하게 여기고 진심으로 대하면, 그 진심을 학생들도 느끼고 학부모님들도 느낀다. 나 또한 너무나 소중한 내 새끼들이기 때문에 최고로 잘 가르치고 싶다는 생각에 교재 연구가 절로 된다.

밤에 잠들기 전에는 오늘 수업에서 부족함이 없었는지 떠올려 보며, 혹시라도 나의 언행으로 인하여 상처받은 아이들은 없었을까 돌아본다.

"학생이 퇴원한데요. 괜히 잘해줬나 봐요. 앞으로는 제 할 일만 해야겠어요."라는 글을 성공운 카페에서 종종 보게 된다. 아쉽고 섭섭한 마음에 쓰신 글이겠지만, 난 그럴수록 남은 학생들에게 더 열과 성을 다해야 한다고 생각한다. 이별이 두려워 최선을 다하지 못한다면 나중에 미련만 남게 되는 법이다.

더 뜨겁게 가르치고, 더욱 사랑으로 지도하라.
어떠한 이유로 퇴원을 하였든, 우리 공부방 같은 곳이 없음을 알게 될 것이다.

잘나가는 공부방은 학생들이 잘 나가지 않는다

오픈을 하고, 홍보를 하고, 상담을 하고. 그 모든 과정이 처음에는 막막하게 느껴진다. 과연 '내가 해낼 수 있을까?'라는 의심과 두려움이 들 때도 있을 것이다. 그런 감정에 휩싸여 미리 걱정하지 말고, 1년만 딱 우리 공부방의 무기를 개발하고 단련시키는 시간으로 가져 보시길 바란다.

어느새 우리의 공간은 학생으로 모두 채워질 것이고, 학생들이 잘 나가지 않는, 동네에서 제일 잘나가는 공부방이 되어 있을 것이다.

아래는 〈한줄수학〉을 오픈한 후, 불안감이 나를 찾아올 때 주문처럼 외웠던 글귀다. 선생님들께도 도움이 되었으면 하는 마음에 남겨본다.

> 당신이 피어나기로 작정했다면 흔들리더라도 피어나고야 말 것.
> 온전한 당신의 향으로 당신이란 이름의 어떤 존재로.
> 불안한 마음이 만들어낸 허상, 그 앞에 지지 말아요. 씩씩하게.
>
> - 이지은의 "짠하고 싶은 날에" 中 -

지금 이 순간에도 더 나은 공부방을 만들고자 이 책을 읽고 계신 선생님을 진심으로 응원하며 이 글을 마친다.

제일 먼저 공부방에 도착한 학생이 "선생님~" 부르며 나를 꼭 안아주는 것이었다. 그 짧은 포옹의 순간이 내게는 더할 나위 없는 큰 힘과 위로가 되어 그날의 수업도 여느 때처럼 잘 해낼 수 있었다.
그날 밤 생각했다. 나는 늘 내가 학생들에게 힘이 되어 주고, 동기 부여를 해줘야 하는 존재라 생각했는데 그 반대이기도 하다는 것을.

수학공부방 성공사례 2
〈수학날다〉 공부방 하지나 원장

안되면 될 때까지!
모르면 알 때까지!
스스로 할 때까지!

　　노하우를 써야 한다고 하니 친정어머니께서는 밥그릇 뺏긴다고 하시면서 걱정을 하셨지만!!
　　노하우를 전국에 널리 알려 대한민국에 수포자가 없어지길 바라는 마음에서 모든 걸 다 토해 내려 한다.

자기주도학습, 나만의 개념노트

　　혼자 열심히 원맨쇼를 해도 기억에 남는 건 웃겼다는, 재밌었다는 그때 그 순간의 감정뿐이었다.

〈수학날다〉의 원칙은 바로 이것이다.

수학 개념은 스스로!! 개념 공부도 정리도 스스로!!

> 수학 개념은 스스로!!
> 개념 공부도 정리도 스스로!!

나는 학생들에게 줄글로 쓰인 설명식의 개념서를 읽고 정리하면서 개념을 자기 것으로 만들게 한다. 얼마나 이해했느냐는 문답식으로 진행해서 학생의 이해 정도를 확인한다.

개념이 잡힌 이후에는 문제를 풀게 되는데, 〈수학날다〉에서는 문제 풀이 역시 아이들이 먼저 한다. 선생님이 먼저 풀어주고 유사 문제를 풀이하는 것은 그저 암기력 테스트일 뿐이라고 생각한다. 학생이 먼저 풀고 난 후에 나는 학생이 모르는 부분을 설명해 준다. 이때 개념의 구멍이 발견되면 다시 개념을 설명해 준다.

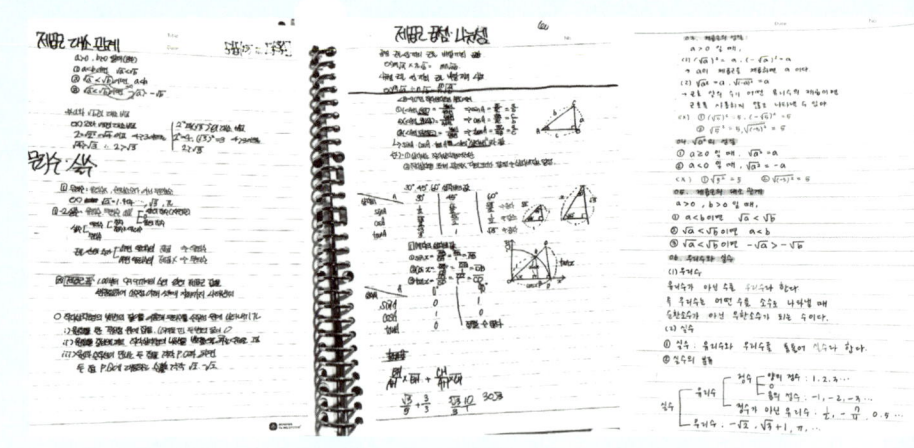

학생들에게 줄글로 쓰인 설명식의 개념서를 읽고 정리하면서 개념을 자기 것으로 만들게 한다. 얼마나 이해했느냐는 문답식으로 진행해서 학생의 이해 정도를 확인한다.
개념이 잡힌 이후에는 문제를 풀게 되는데, 〈수학날다〉에서는 문제 풀이 역시 아이들이 먼저 한다.

스스로 이해하고 질문하도록 분위기 조성

나는 아이들에게 자기주도학습 습관을 만들어주기 위해 다음과 같이 원칙을 정해놓았다.

- 질문하지 않는 아이는 지금 제대로 된 공부를 하고 있는 것이 아니다!
- 질문을 너무 안 한다고 판단이 될 경우, 의무적으로 질문을 하

게 한다!
- 무슨 과목이든 모르는 단어 찾아서 익히는 것을 최우선으로 한다!

이렇게 자기주도학습 습관을 잡아 놓으면 고등학교 가서도 복습 노트 쓰는 것이 수월해진다. 그래서인지 대학생이 되면 1학년 1학기 여름방학에 장학금 받았다는 연락이 많이 온다. "고등학교 때처럼 복습하니까 대학교 공부는 더 쉬웠어요."라는 말을 자주 듣곤 한다.

무학년제

〈수학날다〉는 친구에게 질문하거나 형, 누나에게 도움을 청하는 것이 자연스러운 곳이다.

말로 표현할 수 없는 지식은 내 것이 아니다!. 선생님이 바쁘다 싶을 때 옆에 있는 친구나 형, 누나에게 질문할 수 있지만 바로 답을 가르쳐 주는 것은 친구를 망치는 길이다!. 물고기를 잡아서 입에 넣어주지 말고 물고기를 잡는 방법을 가르쳐 주는 게 옳은 길이다!

이렇게 수차례 잔소리해왔기 때문에 〈수학날다〉의 학생들은 서로 답이 아닌 해결 방법을 가르쳐 준다.

무학년제의 가장 좋은 점은 형, 누나가 공부하는 것을 지켜볼 수 있다는 것이다. 자연스레 초등의 경우 중학교 과정을, 중학생의 경우 고등학교 과정을 궁금해하고 관심을 갖게 된다. 그리고 선배들에게 많은 정보를 얻고 이야기를 나눈다. 그 과정을 통해서 자신의 미래를 상상해 보거나 꿈꿔본다. 미리 중학생, 미리 고등학생이 되어 보는 것이다. 물론 선배들의 후회에 찬 잔소리는 기본 코스다

"얌마, 니는 마 지금부터 똑바로 해야
형아처럼 안 된단 말이다!"

방학 중

〈수학날다〉에서는 질문 종이 울린다!

개념서로 개념노트 쓰고, 문제 풀다가 질문할 것이 생기면 학생들은 "땡" 하고 종(질문 있어요)을 칠 수 있다. 선생님은 "땡" 하고 질문종이 울릴 때 달려가서 해결해 준다. 물론 스스로 충분히 고민하고 친구와 함께 생각해 본 후에야 종을 칠 수 있다.

교재를 보았을 때 만약 고민의 흔적이 없는 깨끗한 상태라면, 나는 질문할 기회를 주지 않는다. 종을 칠 수 있는 원칙은 개념 다시 보고, 문제 다시 읽고 3번 고민해 보고도 모르겠을 때 질문을 할 수 있다.

문제 풀다가 질문할 것이 생기면 학생들은 "땡" 하고 종(질문 있어요)을 칠 수 있다. 선생님은 "땡" 하고 질문종이 울릴 때 달려가서 해결해 준다.

학기 중

학기 중에는 유형서로 한 번 더 복습을 하며 문제 유형에 대한 감각을 익힌다. 시험 준비는 시험 2주 전부터는 교과서와 학습지로 시작한다.

이해가 빠른 아이는 현행 학습의 시험 준비와 다음 학기 예습을 함께 하는데, 이때는 연산서로 공부한다. 예를 들어 3월에 중학교 2학년 1학기 공부를 하면서 다음 학기인 2학기를 연산으로 미리 맛보는 것이다. 중요한 것은 부모님이 아닌 아이가 원할 경우에만 이뤄진다는 점이다.

시험 준비

방학 동안 개념 공부와 대표유형 익히기를 하고, 학기 중에 유형서로 문제 유형 감각 익히기를 했다면 시험 2주 전부터 시험 대비를 시작한다. 교과서, 교과서 밀착 문제, 학교 학습지, 학교 기출문제 순서로 실전에 실력 발휘를 제대로 할 수 있게끔 시험 준비를 한다.

학교 기출문제의 경우 나는 매년 시험이 끝나면 아이들의 시험지를 회수해서 정답과 해설까지 워드 작업을 해 놓는다. 이렇게 준비해 놓으면 다음 해에 다른 아이들에게 많은 도움이 될 수 있다. 물론 한 번 출제된 문제가 다시 나오지는 않겠지만, 교과서를 바탕으로 출제한 문제라면 사립 학교의 경우 중복 출제되는 경우도 여러 번 보았다.

〈수학날다〉공부방은 지방에 있는 곳이라 시험이 학교 교과서나 학습지에서 많이 나오는 편이다. 시험 당일 아이들의 실수를 줄이기 위해서는 반복 학습만이 살 길이다.

주말 과제는 그 주에 풀었던 문제 중 파랑 동그라미(처음에 맞춘 것은 빨강, 틀리면 V표시 후 한 번의 고칠 기회를 주고, 고쳐서 맞춘 건 파랑으로 채점!) 문제들만 노트에 정리하며 다시 풀어 오는 것이다.

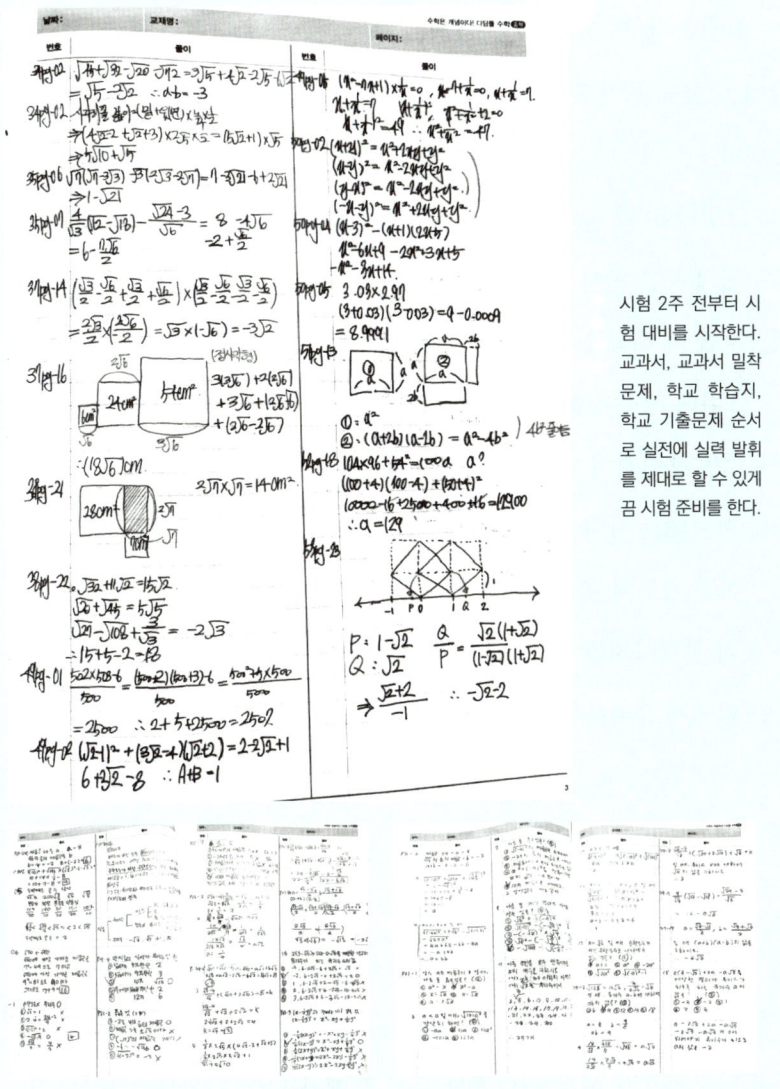

시험 2주 전부터 시험 대비를 시작한다. 교과서, 교과서 밀착 문제, 학교 학습지, 학교 기출문제 순서로 실전에 실력 발휘를 제대로 할 수 있게끔 시험 준비를 한다.

수학공부방 성공사례 2

시험 기간 함께 밤샘, 24시간 질문 대기조

모르는 것은 그때 바로 해결해 주고 싶은 마음에 나는 시험 기간에는 함께 밤샘을 한다. 이른바 '24시간 질문 대기조 모드'로 돌입이다.

그렇다고 쉴 틈 없이, 잠도 못 자게 질문이 오는 것은 아니다. 한밤중에 질문을 쏟아 낼 정도로 욕심이 있는 아이라면 분명 평소에 시험공부를 다 해놨을 것이다.

그런데 평소에 하라고 할 때 좀 하지. 날 밝을 때 공부하지, 꼭 어두워지면 불안감이 엄습해와서 "쌤 살려주세요!" "SOS!" 온갖 문구로 나를 꼬셔대는 아이들도 많다.

'이걸 가르쳐 준들, 똑같이 내일 시험에 나와도 너는 분명 틀리고 올 것이 분명하지만 너의 궁금증보다는 불안감이 더 큰 새벽 2시기에 나는 너에게 풀이를 보낸다.'

시험 치고 난 후 시험 분석

시험분석은 아이들과 함께 한다. 시험 준비 기간에 풀었던 자료들을 펼쳐 놓고 유사 문제를 찾아보는 작업을 한다. 교과서, 학교 학습지를 우선으로 해서 어디에서 유사 문제가 많이 나왔는지 분석한 후 다음 시험에 적용한다.

대부분 교과서나 학습지에서 출제가 되는데 선생님과 함께 이 사실을 직접 확인한 아이들은 "교과서랑 학습지만 잘 보면 되겠네요."라는 말을 하며 다음 시험 성적에 희망을 품는다.

〈수학날다〉에서 아이들과 함께 시험분석을 하는 것은 아이의 잘못을 꾸짖기 위함이 아니다. 스스로 시험 문제를 분석하면서 할 수 있다는 자신감과 다음 시험에 대한 가능성을 심어 주고, 좀 더 집중해서 신중하게 해야겠다는 결심을 하게 하기 위함이다.

"아이고, 싹 다 교과서나 학습지에서 나왔는데
왜 100점을 못 받았을까?
다음 시험 때는 똑바로, 단디(제대로) 합시다!"

> 시험분석은 아이와 함께 한다.
> 교과서, 학교 학습지를 펼쳐놓고 유사문제를 분석하고
> 다음 시험에 적용한다. 아이 스스로
> 깨닫게 해주는 것이 목적이다

시험 당일

아침이면 아이들에게 카톡으로 응원 메시지와 잔소리 폭탄을 투하한다. 100점 안 받아도 되니까 공부한 건 실수하지 말고 다 맞춰 오라는 은근한 협박과 함께 말이다.

그런데 이 카톡의 힘이 꽤나 컸던 모양이다. "쌤요, 내일도 아침에 카톡해 주세요. 기다릴게요~"라고 하는 고등학생도 있다.

"문제 잘 읽고, 계산 실수하지 말고, 서술형 비워놓지 말고 뭐라도 쓰고, 막히면 답일 거 같은 거 찍어 놓고 다음 문제로 넘어가고!
괜찮아. 우리에겐 다음 시험이 있다! 아자아자 파이팅!"

과제 정하기

〈수학날다〉의 과제량은 스스로 정한다.

평소 과제의 양은 많지 않다. 나는 공부로 인한 스트레스, 의무적인 과제는 아이의 공부에 독이 될 뿐이라고 생각한다. 그날 공부한 부분을 연산서로 집에 가서 복습하는 정도가 그날의 과제이다. 이 또한 아이와 상의 후 결정한다.

주말에는 주중에 공부한 내용에 대해 부록 등을 활용해서 한 번 더 복습한다. 요즘의 보통 아이들은 여러 번을 봐야 기억하고 이해한다는 것을 선생님들도 잘 알고 계실 것이다.

하쌤 : 알아서 해와.

학생 : 아~쌤. 그게 제일 어려운데요.

하쌤 : 니 컨디션에 맞게! 니 양심에 맞게! 알아서 해오라는데 그게 뭐가 어렵노.

학생 : OK~ 무조건 많이 해올게요~.

이렇게 숙제 양은 스스로 해올 수 있는 만큼으로 정한다. 그래야 숙제를 못 해오는 일이 줄어들고, 아이는 숙제를 해냈다는 성취감을 느낄 수 있다. 나 또한 숙제를 해온 아이를 향해 뿌듯한 미소를 지으며 '엄지 척'을 해줄 수 있다.

하기도 싫은 수학 공부를 하는데 이외의 요인들로 아이들에게 스트레스나 압박감이나 부담을 주고 싶진 않다.

수학도 즐거울 수 있다. 더 이상의 수포자는 없다!

시간 안에 문제를 풀어내지 못하는 요즘 아이들

시험을 치고 오면 늘 들려오는 징징거림이 있다.

"쌤~ 다 아는 건데 시간이 없어서 못 풀고 그냥 찍었는데 다 틀렸어요."

"어쩌란 거냐. 미친개가 쫓아온다 생각하고 빨리 풀라고 하지 않았느냐."

그래서 〈수학날다〉에서는 타이머 이용한다

타이머 돌려놓고 그 시간 안에 최선을 다해 열심히 공부하는 것이다. 시험 1주일 전에는 시험과 유사한 형식(객관식 문항 + 서술형 문항)의 예상문제나 기출문제로 훈련을 한다. 타이머를 돌려놓고 40분 안에 문제 풀고 OMR 카드에 서술형 쓰고, 그리고 객관식 마킹까지 제한된 시간 안에 끝내는 연습을 반드시 반복하는 것이다.

교재 정하기

〈수학날다〉에서는 개념서, 연산서, 유형서 종류별로 몇 가지를 펼쳐 놓고 아이들 스스로 각자 하고 싶은 교재를 직접 고른다.

100명의 아이들이 있다면 100명 모두의 색이 같을 수 없기에 각자 원하는 교재를 골라 수업한다. 이렇게 모두 개인 수업을 하면 선생님이 너무 힘들지 않냐고 많은 분들이 우려한다.

하지만 〈수학날다〉의 수업은 판서 수업이 아니기에 각자의 교재로 공부해도 전혀 힘들지 않다. 그리고 아이들끼리 서로 가르쳐 주는 분위기가 형성되어 있어서 친구와 함께 고민해 보다가 해결이 안 되면 그때 질문의 종을 치거나 쌤을 부른다.

간혹 아이들이 질문이 시험에 출제될 법한 문제이거나 신유형이거나 난이도가 높은 문제가 있다. 그럴 때는 모두에게 설명하기 위해 나는 칠판에서 풀이를 한다. 내 문제집이 아닌 다른 친구들의 문제집에 있는 문제의 풀이를 듣게 되는 것이다. 그래서 아이들은 여러 권의 문제집을 공부하는 셈이 된다.

상담

1차 상담은 학부모와 아이 함께 실시한다. 하지만 1차 상담의 경우 주된 목적이 학부모와의 대화이다. 아이의 학습에 원하는 게 무엇인지 들어보고, 〈수학날다〉 아이들의 개념노트를 보여 드리며 수업 방식을 설명한다. 그리고 수업 일수와 시간을 결정한다.

진단평가는 학부모님의 강력한 요청이 있을 경우에만 실시한다. 사실 아이의 성향과 상태는 학교 성적만으로도 충분히 파악할 수 있다. 괜스레 나까지 진단평가를 해서 아이들에게 시험에 대한 부담을 주고 싶지 않다.

2차 상담은 아이의 첫 등원 날 실시한다. 2차 상담의 경우 아이와의 라포 형성이 주목적이다.

아이와의 대화를 통해 아이의 고민이나 걱정거리를 알아채고, 그 고민을 공유하고 아이를 토닥토닥 다독여주면 아이들은 이내 내 앞에서 눈물을 보인다. 이렇게 아이와 편을 먹어 버리면 말도 잘 듣고 숙제도 잘해 오고 열심히 노력하는 순한 양이 된다.

"공부하면서 엄마한테 말 못 할 힘든 거 있으면 쌤한테 얘기해. 절대 비밀 유지. 우리끼리만 아는 거야. 쌤이 다 해결해 줄게. 마음이 편해야 공부를 하지. 공부 그까짓 거 뭐라고."

"그랬구나 힘들었쪄요? 얼마나 힘들었을까? 쌤은 니 편이다."

학부모와의 소통

사실 나는 홍보를 많이 하지 않는 편이다. 감사하게도 동생에, 사촌에, 회사 동료에게까지 어머님들이 알아서 소개를 해주시기에 홍보에는 크게 신경 쓰지 않고 있다. 공부방 시작할 때부터 지금까지 홍보보다는 아이들을 잘 가르치자는 게 나의 교육 철학이다.

상담 전화가 오면 꼭 아이의 이름을 물어보고 다니고 있는 아이들에게 그 친구와의 관계를 물어본다. 작은 공부방 안에서 패가 나눠지거나, 서로 사이가 안 좋은 건 못 봐주는 성격이라, 아이들이 싫어하는 경우에는 신규생으로 받지 않는다. 그 결과, 〈수학날다〉의 분위기는 짱이 되었다.

서로 도와주고 서로 아껴주고 서로 가르쳐 주는 곳!

다른 공부방보다 〈수학날다〉가 최고라고 생각하는 귀한 내 새끼들. 그래서 나는 이런 아이들을 보내주는 학부모님에게 더욱 감사한 마음을 갖는다.

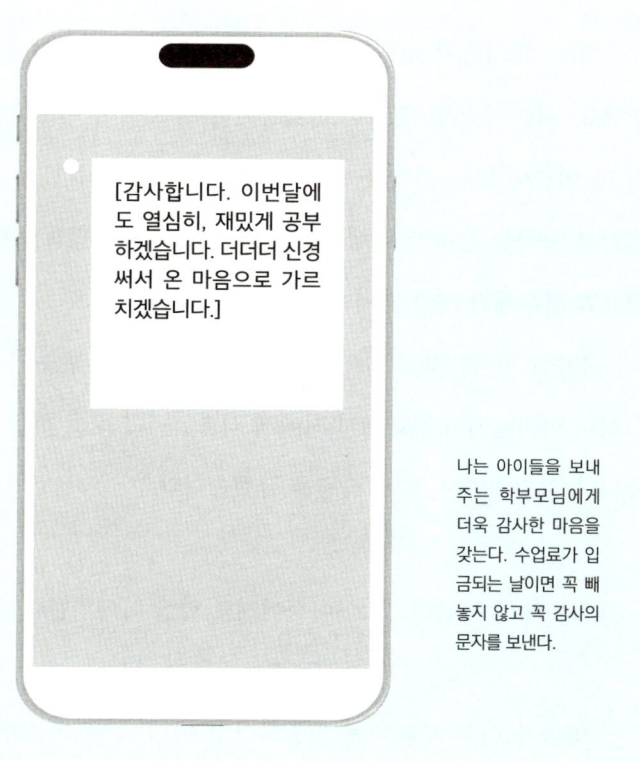

나는 아이들을 보내주는 학부모님에게 더욱 감사한 마음을 갖는다. 수업료가 입금되는 날이면 꼭 빼놓지 않고 꼭 감사의 문자를 보낸다.

수업료가 입금되는 날이면 꼭 빼놓지 않고 꼭 감사의 문자를 보낸다.

〈수학날다〉에서는 주기적으로 학부모 상담을 하지 않는다.
입학 시 학부모님과의 첫 상담때 이런 점을 반드시 말씀드린다.
물론 불안해하는 학부모님도 계신다. 하지만 나의 신념을 명확하게 전달한다.

"저는 12시까지 수업하니까 궁금한 게 있으시면 언제든지 연락 주세요. 저는 수업만 열심히 하겠습니다. 무소식이 희소식입니다. 만약 제 이름이 뜨는 전화가 오면 긴장하셔야 할 겁니다. 제 선에서 해결하지 못하는 문제가 발생해서 어머님의 도움이 필요할 때, 공조가 필요할 경우에만 제가 먼저 연락드리겠습니다.
숙제를 안 한 것은 아이의 잘못이지 어머님의 잘못이 아닙니다. 그러니 어머님께서 전화해서 저에게 죄송합니다 라고 하실 이유가 없습니다. 제가 알아서 숙제 습관을 잡겠습니다."

그리고 〈수학날다〉의 아이들에게도 항상 이야기한다.

"엄마가 다른 사람에게 죄송하다고 머리 숙여 인사하게 만드는 게 제일 큰 불효다. 불효자는 되지 말자!"

지금까지 나의 성공 비법이라고 생각되는 것들을 이야기했다.
수포자를 만들지 않기 위해 지금도 땀흘리고 있을 많은 수학 공부방 선생님께 부디 작은 도움이라도 되었기를 바란다.

수학공부방 성공사례 3

〈서울대 황규만 수학학원〉

예비고1부터
고3 9월 모의고사까지
성적향상 포인트 & 전략

프롤로그 – 중3부터 수능을 보기 전까지

대형 학원에서 고등학생들에게 수학 수업을 한 지 20년이 돼간다. 수학 강사라는 직업을 갖게 된 덕분에 지난 시간 동안 나는 참 많은 학생들을 만나왔다. 물론 나를 만났다고 모든 학생들이 성적이 향상됐다거나 모두가 원하는 대학에 입학한 건 단연코 아니다.

누군가는 괄목할 만한 성적 향상을 보이기도 했고, 누군가는 효과가 미미하기도 했다. 가르치는 건 같은데도 수업 효과는 학생들마다 달랐다. 왜 그랬을까?

뻔한 얘기지만, 같은 이야기를 해도 누군가에게는 천둥처럼 들리고 또 누군가에게는 지나가는 바람처럼 들리기 때문일 것이다. 제대로 들렸다 하더라도 연습을 통해 자기 것으로 만드는 사람과 그저 기억하는 것에 머무는 사람의 차이도 있을 거다.

이건 비단 듣는 사람의 문제만을 이야기하는 것은 아니다. 수업 내용이 크고(소리가 큰 것을 넘어) 중요하게 들리도록 준비하는 게 선생님의 일이고 그 효과의 차이가 강사의 능력을 가늠하는 바로미터가 되기 때문이다.

항상 가장 중요한 것은 수업이겠지만, 또 이 일이 가르치는 스킬과 수업 내용만 고민한다고 되는 것도 아니다. 열심히 최선을 다해 가르쳤지만, 시험 한 번을 못 보면 뒤도 안 보고 떠나는 학생이 야속하기만 하다. 또 어떤 아이는 성적을 올려놨더니 이제 혼자 할 수 있을 것 같다면서 그만두는 일도 있다. 또 어떤 아이는 분명히 수업에 만족한다면서도 학년이 올라가니 불현듯 공부 방식을 바꿔 보겠다고 떠나기도 한다.

신규생이 들어와서 기분이 좋아졌다가 갑자기 퇴원생이 생겨서 우울해지고 자책하기를 반복하다 보면, 내가 이러다 정신병이 생기는 건 아닐까 겁나는 날도 있다.

그래서 정리를 좀 해 볼 필요가 있다고 생각했다. 다이내믹하게 매일 벌어지는 모든 상황을 예측하거나 분석할 순 없겠지만, 어느 정도 분석이 가능한 상황만이라도 정리해 두면, 나보다 늦게 이 업종에 뛰어든(?) 후배 강사 혹은 원장님들께 도움이 될 수 있지 않을까?

지금부터 나는 고등학교 입학 전 (중3 여름)부터 수능을 보기 전까지, 주요 시기들을 짚어가면서 시간의 순서를 따라 정리해 볼 생각이다. 그 시기 주의해야 할 점, 혹은 수업할 때 사용하면 좋은 스킬(?)을 가능하면 자세히 정리하려고 노력했다.

고등학생 수학 수업 튜토리얼

지금껏 초중등만 수업하다가 고등 수업을 해보기로 마음먹은 선생님이 있다면, 아마 예비 고1 (현재 중3) 학생들부터 시작하게 될 것이다. 1학기까지는 여느 해와 마찬가지로 내신 준비를 잘하고 현행 및 심화에 초점을 맞췄다고 하더라도, 여름방학에 들어서면서부터는 학부모님들도 고등과정에 대한 선행을 원하기 시작하고, 학생들도 고등과정을 배우지 않고 있는 스스로를 불안해하기 시작한다.

자칫 미리 준비해 두지 않으면 등 떠밀려 고등 수업을 시작하게 되기 때문에, 언제부터 고등 선행을 시작할지 어느 정도의 수준까지 선행을 할지 등에 대해서 갈피를 못 잡을 수 있다. 시작부터 계획을 잘 세워두는 것이 중요하다.

> 고등 수업을 하려면,
> 우선 언제부터 고등 선행을 시작할지,
> 어느 정도의 수준까지 선행할지
> 시작부터 계획을 잘 세워야 한다

중3 여름방학 - 예비 고1 스타트

1. 고등 선행의 시작 시기는 중3 여름방학이 좋다

학생에 따라 다르겠지만, 나는 중3 여름방학이 고등 수학 선행을 시작하기 좋은 시기라고 생각한다.

첫 번째 이유는 중3 1학기 내용과 고등수학 1학년 앞부분의 내용이 많이 겹친다. 그래서 중3 1학기를 마치고 바로 여름방학에 고등 선행을 시작하면 아이들이 비교적 쉽게 받아들일 수 있다.

두 번째 이유는 3학년 2학기 내신을 신경 쓰지 않는 학생들이 많다. 또한 여름부터 고등학교 때 다닐 학원을 미리 알아보든가, 중3부터 고등과정 선행을 원하는 학생과 학부모가 생각보다 많기 때문이다.

2. 첫 교재는 가능하면 얇고 쉬운 교재로 선정하자

처음 선행을 시작하는 학생들의 경우 가능하다면 필요 단원과 문제만을 추려서 얇게 자체 교재를 만드는 것이 좋다. 아니면 가능하면 얇고 쉬운 교재를 선정하는 것이 좋다.

여름방학은 3주 정도로 사실상 매우 짧기 때문에 그 안에 교재를 마무리할 수 있도록 한다. 늦어도 9월 첫 주까지는 끝내야 한다. 9월에 들어서면 또 2학기 중간고사를 준비해야 하고, 쓰다 남은 책은 미완성이라는 미련만 남긴다.

2학기 중간고사를 마치고 다시 여름방학 때의 교재로 선행 진도를 나가면, 대부분의 아이들은 앞의 내용을 기억하기 힘들어한다. 또한 시험 후 어수선한 분위기도 선행수업을 방해하는 데 한몫한다. 이렇게 고등수학의 진도를 제대로 나가지 못한 채 중3 기말고사 대비로 들어가는 경우가 부지기수다.

그래서 한 텀의 계획을 짤 때, 작지만 완성했다는 만족감을 주는 것이 배우는 입장에서도 가르치는 입장에서도 중요한 일이다.

3. 첫 선행은 단원의 용어, 개념, 연산에 집중한다

첫 선행의 경우 수업 내용은 각 단원에 쓰이는 용어, 큰 틀의 개요, 그리고 연산에만 집중하자.

3월 고등학교 입학 전까지 학생이 몇 번의 고등과정 선행을 해낼 수 있을지 계획을 세워보자. 그에 따라 어떤 교재를 선정하느냐가 중요하다.

보통은 개념을 잘 잡아야 한다고 첫 선행에서부터 지나치게 두꺼운 개념서를 선정한다. 들고 다니기도 무거운 개념서는 서점에서 집어 들 때의 쾌감은 있을지 모르나, 진도 속도도 느리고, 공부해도 다 아는 것 같은 만족감이 들지 않기 때문에, 학생이나 선생님 모두 힘들어진다. 가뜩이나 어려워지는 고등학교 수학을 처음 배우는 학생은 겁에 질려 버릴 수도 있고, 자칫 수학에 흥미를 잃어버리면 중간에 포기해 버릴 수도 있다.

또는 유명 유형서를 선정하는 경우도 많다. 일단 문제를 많이 풀어봐야 한다는 생각 때문이다. 이럴 경우 문제 유형에만 집중해, 각 유형의 풀이를 기억하고 문제 푸는 데만 몰두할 수도 있다. 그렇게 되면 학생이 정확한 개념을 잡을 시간이 없다. 당장은 선생님이 풀어준 대표 유형의 풀이를 따라 해서 유형서의 문제를 풀 수는 있다. 하지만 그 단원이 요구하는 바가 뭔지, 정확한 용어의 뜻이 뭔지도 모른 채 모래 위에 성을 쌓는 우를 범할 수 있다.

너무 빨리 유형서를 선정하면 선생님의 수업 밑천이 너무 빨리 떨어질 수도 있다. 그 뒤에 두세 번 더 교재를 바꿔가며 수업을 하게 될 때도 유형서를 고를 수밖에 없을 텐데, 앞에서 했던 수업을 그대로 반복하게 하면, 학생은 이 학원에서는 더 배울 게 없다고 느낄 수 있기 때문에 위험하다.

우리나라 수학 단원들의 대부분이 중국을 거쳐 들어왔기 때문에 거의 모든 용어가 한자로 표현돼 있다. 지금 성인들이야 한문 사용이 익숙했을지 모르지만, 요즘 학생들은 자기 이름조차 한문으로 쓰지 못하는 학생들이 대부분이기 때문에 단원명을 들어도 무슨 말인지 전혀 와닿지 않는 경우가 많다.

첫 선행에서는 용어 설명과 단원에 쓰이는 정의 및 개념을 잡는 것에 집중하자. 그것만으로도 수학에 대한 거부감을 줄일 수 있고, 앞으로 쌓게 될 많은 내용들의 단단한 토대를 만드는 작업이 된다. 준비가 가능하다면 빈칸 채우기 형식으로 개념과 용어를 기억하도록 돕는 것도 좋은 방법이다.

단원의 용어와 개념을 배우고 외웠다면, 이제 기본적인 연산을 연습할 차례다. 연산 연습은 반복에 반복을 거듭해서, '할 수 있다'가 아니라, '빠르게 할 수 있고 정확하게 할 수 있는' 수준으로 만드는 게 중요하다. 그 단원에서 쓰이는 용어를 알게 되고, 연산을 할 수 있게 되고 나면 그다음 교재로 유형서를 선정하면 된다. 학생들이 받아들이는 속도와 반응이 다르다는 것을 느끼게 될 것이다.

연산을 할 수 있는 것만으로도 아이들이 그 단원에 느끼는 자신감은 매우 높다. 그럴 때 단순히 연산을 통해 답을 도출하는 게 아니라, 선생님이 좀 더 깊은 사고와 문제에 대한 해석으로 손쉽게 답을 구해내는 모습을 선보이면 학생들 입에서 탄성이 나오는 수업을 만들어 낼 수 있다.

> 첫 선행은 각 단원의 용어, 개념, 연산에만 집중한다.
> 빈칸 채우기 등으로 개념과 용어를 기억하게 만들고
> 연산은 '할 수 있다'가 아니라
> '빠르고, 정확하게 할 수 있는' 수준이 돼야 한다

잊지 말자!

처음엔 너무 쉽다 싶을 정도로 용어, 개념, 연산에만 집중하는 시간을 꼭 가져야 한다. 아이 수준에 따라 그 시간이 2~3주 또는 그 이상이 될 수도 있겠지만, 반드시 이런 과정을 거친 후에 유형서를 시작하자!

중3 2학기 (9월~11월) – 쉬운 유형서로 대표 유형을 연습한다

여름방학에 쌓아 놓은 기초를 바탕으로 쉬운 유형서 한 권을 선정하자. 중요한 건 역시 쉬워야 하고, 얇아야 한다는 점이다.

간혹 학생들 혹은 학부모들 중에는 또 쉬운 교재를 선정한 것에 대해 불만을 가질 수도 있다. 그래서 그런 불만이 나오기 전에 선생님의 계획을 미리 보여주는 것이 중요하다. 아직은 실전 유형서를 풀 때가 아님을 각인시켜줘야 하고 기다리게 해야 하는 것이다.

이제 아이들은 쉬운 유형서를 큰 부담 없이 생각하고 있을 것이다. 보통의 유형서가 1,2,3 STEP (또는 ABC STEP)으로 나눠져 있다면, 1 스텝 혹은 A 스텝은 여름방학 동안 용어와 개념 연산 연습을 하면서 수도 없이 풀었던 문제들이다. 9월부터 11월까지는 A스텝의 반복과 B 스텝의 대표유형을 푸는 시기라고 생각하자. 좀 잘하는 애들은 생각보다 빨리 풀기도 하고, 풀면서 지루한 티를 내기도 한다. 그럴 때까지 기다려라.

대부분이 지루해 할 때쯤 칠판에 모의고사, 혹은 내신 기출문제 중 고난이도 문제 하나를 적어보자. 여태껏 연습한 같은 단원이고 비슷한 유형이니 풀어보라고 했을 때, 쉽게 푸는 학생이 없을 정도의 문제여야 한다. 아무도 못 푼다면 가장 좋다. 모두가 안 풀린다고 짜증

낼 때 바로 풀어주지 말고 다음 시간에 풀어주겠다고 하고 수업을 마무리하는 것도 하나의 수업 스킬이다.

자이가르닉 효과라고 들어봤는가? 미완성 효과라고도 한다. 예능 프로를 보다 보면 순위 발표 직전에 한창 고조된 분위기에서 60초 후에 공개한다고 선언하는 MC에게 탄식을 뱉어본 기억이 한 번쯤은 있을 것이다. 이루어지지 않은 첫사랑에 대한 기억을 평생 가져가는 것도 자이가르닉 효과다.

학생들이 어느 정도의 연산에 자신이 생겼을 때, 아직 본인 힘으로 풀 수는 없지만, 이리저리 계산을 막 해 볼 수 있는 문제를 만나면 웬만한 아이들은 호기심이 생기기 마련이다. 그때 자이가르닉 효과를 기대해 볼 수 있다. 주의해야 할 점은 호기심이 없거나 무기력하거나 아직 연산조차 힘들어하는 학생에게는 아무런 효과가 없다는 점이다. 반의 분위기를 잘 파악해서 써야 하는 스킬이다.

이렇게 수업의 흥미를 떨어뜨리지 않으면서 2학기를 보내는 동안 얇은 유형서 한 권을 더 마무리한다. 2학기 내신에 관심이 없는 학생이더라도, 중간고사와 기말고사 시기에는 내신 시험에 집중해 줘야 한다. 머리로는 2학기 내신은 필요 없다고 생각하다가도 막상 성적표를 받게 되면 실망하거나 변심하는 학생과 학부모는 항상 있기 마련이다.

중3 겨울방학 (12월~2월) - 고1 첫 중간고사를 대비한다

이제 본격적인 고1 수업의 시작이라고 봐도 무방하다.

교재는 개념서 한 권과 대표 유형서 한 권을 선정하자. 너무 두껍거나 문제와 문제 사이의 공간이 너무 좁고 글만 많은 책보다는 어느 정도 학생들이 부담 갖지 않는 선에서 선택하자. 수업 시간은 선생님마다 상황에 맞춰 구성하면 되지만, 수업내용은 반드시 개념 수업 중심으로 해야 한다.

지금쯤은 애들 머릿속에 남아있는 건 어렴풋한 용어의 정의와 연산 능력뿐이다. 각 단원의 개념은 잊은 지 오래고, 기억하더라도 어떻게 문제에 적용하는지를 알지 못한다. 지금이 그걸 배울 때다.

중 3 겨울방학이 정확하고 세심하게 개념을 잡아 나가는 시기이다. 수학의 개념이라는 것과 문제는 어떤 연관을 갖고 나타나게 되는지 학생들의 눈을 뜨게 만든다는 생각으로 수업에 임하자.

개념서로 수업을 진행했으면 개념서의 문제들을 그날 바로 풀게 시키고, 과제는 유형서를 다음 수업까지 풀어오는 것으로 내준다. 다음 시간에는 유형서를 채점 후, 틀린 문제에 대한 질문과 오답을 처리하는 것부터 시작한다.

이렇게 복습을 한 후, 시간이 된다면 다음 선행 진도를 나간다. 물론 그렇지 못하면 다음 시간에 그다음 진도를 나간다. 다음 시간 과제는 오답 노트를 작성해오는 것으로 내준다. 이런 과정이 계속되면 꼼꼼하게 수업이 진행될 수 있을 것이다.

수업을 할 때 가장 크게 신경 써야 할 것은 정석대로 푼 풀이법을 선보여야 한다는 점이다. 한 문제를 놓고 다양한 방법으로 접근할 수 있지만, 선생님은 개념을 가장 정확하게 사용하고, 가장 정석대로 푼 풀이들을 설명해야 한다는 것이다.

간혹 빨리 풀 수 있는 방법이거나, 속칭 꼼수를 통해 문제를 풀면서 학생들 앞에서 선생님의 실력을 과시하고자 하는 경우들이 있는데, 지금은 그런 걸 자랑하고 보여 줄 시기가 아니다.

중3 겨울방학에서 선행수업은 학생들이 배운 개념이 어떻게 문제에 녹아들어 가는지, 문제에서 묻고 있는 이 내용들이 과연 무엇을 묻고 있는지, 혹은 무엇을 평가하고자 의도한 것인지를 파악하는 데 집중해야 하는 것이다. 따라서 느리더라도 가장 정석적인 풀이로 아이들이 자신이 배운 범위 안에서 이해할 수 있는 풀이를 보여주는 게 정말 중요하다.

또한 겨울방학 내내 가장 중요하게 생각해야 것은 고1 첫 중간고사이다. 첫 중간고사 시험범위에 대해서는 복습을 반복하고, 테스트도 반복하는 것이 필수다. 왜냐하면 가장 많은 학생들이 학원을 옮기는 시점이 바로 첫 중간고사 이후이기 때문이다. 첫 중간고사는 두말의 여지없이 성적으로 증명이 되어야 한다. 학부모 입장에서도 첫 중간고사까지 반복해서 수업을 했으니, 높은 점수가 나올 거라 기대가 클 수밖에 없다.

학생의 부족함도 있을 테고, 상황과 여건의 문제도 있을 테고, 학교의 제각각인 난이도 문제도 있겠지만, 이런 걸 다 인정하고 나서도 점수로 얘기해야 하는 시험임을 잊지 않고 수업에 임해야 한다.

나는 겨울 방학을 시작하고, 중간고사 보는 내용까지 수업한 후부터는 겨울 방학이 끝날 때까지 내신 기출 시험지로 매주 테스트를 보고 결과를 전송하곤 했다. 물론 그렇게 해도 점수가 나오지 않는 학생은 있기 마련이지만, 선생님의 마음가짐은 그런 학생이 없어야 하고, 없게 하겠다는 각오로 임해야 함을 잊지 말자.

중3 겨울방학 특강은 선택이 아닌 필수다

중3 겨울방학 특강으로. 최소한 고등 1학년 2학기 내용에 대한 선행을 시작해야 한다. 중위권 이상의 학생들은 1학기 개념서보다는 쉽고 얇은 개념서로 정한다. 상위권의 경우는 2학년 선행을 원하는 학생들도 있다. 그건 학생과 선생님의 판단에 맡기면 될 듯하다.

중위권 이상은 대부분 동의하겠지만, 하위권 학생들의 경우 부담스럽다고 하는 학생들도 있다. 부담스럽다면, 여름방학에 했던 식으로 2학기 내용에 대한 용어, 개념, 연산으로 특강만이라도 진행을 하는 게 좋다.

고1의 여름방학은 3주 정도로 짧기 때문에, 중3 겨울방학 동안 가볍게라도 배워둔 것과 그렇지 않은 것의 차이가 매우 클 수 있다. 1학기 내용을 우선 완벽하게 숙지하는 것에 집중하되, 2학기 내용의 특강은 가능하면 과제는 없거나 매우 적게 하고, 학원에 왔을 때 해야 할 양을 다 하고 갈 수 있는 정도로 준비하는 게 좋다.

> 중3의 선행 수업에서는 선생님이 반드시 정석대로 푼 풀이법을 선보여야 한다. 간혹 꼼수를 통해 빨리 풀 수 있는 방법을 선보이는 경우가 있는데,

지금은 선생님의 실력을 과시할 때가 아니다

고1 1학기 중간고사 (3월~4월) - 비장의 카드를 꺼내들 때다

고1 1학기가 시작되면, 신규생도 있고, 퇴원생도 있기 마련이다. 신규생이 들어온다고 들뜰 것도, 퇴원생이 있다고 기운 빠질 일도 아니다. 학기의 시작과 함께 모든 관심은 첫 중간고사에만 가 있으면 된다. 신규생도 방학기간 동안 힘들게 만들어온 분위기에 얼른 적응할 수 있게 하는 게 중요하다.

정예 멤버가 꾸려졌다 싶으면 3월 중순이 들어설 즈음에는 중간고사 대비 특강을 개설하자. 내신 기출문제들을 묶어서 특강 교재로 삼아도 좋고, 각 유형서에서 좋은 문제들을 선별해도 좋다. 기존에 시중 문제집을 사용했더라도 이 시기만은 자체 교재를 준비하는 것이 좋다.

나중에 이 교재 안에서 얼마만큼 적중이 됐는지 아이들이 입으로 떠들고 다니게 만들어야 한다. 많은 부수가 아니면 직접 스프링 제작을 해도 좋지만, 가능하면 제본소 같은 곳에 맡겨서 예쁘게 만들기를 추천한다. 애들이 학교에 이 책을 들고 다니는 것만으로도 홍보 효과가 될 수 있기 때문이다.

자체 교재는 앞부분은 단원별 유형의 우수 문항들로 구성하되, 맨 뒤에는 실전 모의고사 형태로 20~25문제 정도로 구성된 시험지 형식의 내용으로 구성한다. 단원의 맨 앞부터 다시 복습하되, 매시간 혹은 주 1회씩 실전 모의고사를 정말 실전처럼 시간을 재고 풀어볼 수 있게 하기 위해서다.

여기서 한 가지 팁은 방학 동안 보여주려고 했으나 꾹꾹 참았던 문제 푸는 스킬과 빨리 푸는 스킬, 혹은 꼼수 등 뭐든 가리지 않고 시험 보는 데 도움이 되는 모든 것들은 이 시기에 풀어 놓는다는 것이다. 그동안 준비해 놓은 비장의 카드들을 마음껏 뽐내는 시기이다. 잘 준비해서 멋지게 수업하고, 무엇보다 성적이 잘 나오게 하는 것이 가장 중요하다.

시험이 다가오면, 아이들이 실전 연습을 한창 하고 있을 때, 선생님은 학부모 상담을 한다. 시험 결과가 나온 후에 하는 상담이 아니라, 시험 전에 상담한다는 게 포인트다. 시험 결과가 나온 뒤에는 잘 본 학생은 상관없지만, 못 본 학생의 경우 자칫 변명을 늘어놓는 상담이 될 수 있으므로 시험 전 상담을 통해 학생이 어느 정도의 성적이 기대되는지, 이번 시험기간 부족했던 것은 무엇이고, 어떤 것들을 더 발전시켜 나가야 할지 등에 대해 미리 상담하자. 성적 예상은 실제 기대치보다는 좀 낮게 말해두면, 학부모들이 결과에 지나치게 실망하는 일을 막을 수 있다.

고1 1학기 기말고사 (5월~6월) - 시험대비와 방학특강 준비

중간고사가 끝난 후 역시 신입생과 퇴원생이 있을 것이다. 있는 게 정상이다. 신규생이 더 많다면 지난 학기에 잘해 낸 것이고, 퇴원생이 더 많다면 심기일전해야 하는 신호로 받아들이자.

시험이 끝난 후 무슨 일이 있었냐는 듯 바로 다음 시험을 준비하면 안 된다. 시험을 준비하는 기간 동안 돌아봐야 할 점들, 학생들이 반성하거나 개선해야 할 점, 선생님이 개선하거나 반성해야 할 점들을 학생들과 짧게라도 얘기를 나눠야 한다. 그렇게 기말고사를 준비하는 자세와 계획을 함께 공유하는 것이 좋다.

이 시기에 팁을 하나 얘기하자면, 시험을 못 본 학생들이 많이 있을 때, 학생들에게 넌 왜 시험을 못 봤고 뭐가 부족하고, 뭐가 문제라고 지적하기 전에, 선생님이 부족했다고 미안하다고 사과를 먼저 해보자. 선생님의 진심 어린 사과 한마디가 학생들에게는 질책보다 더 크게 다가오기도 한다.

그렇게 다져진 관계는 쉽사리 끊어지지 않기도 하고, 그 시기를 같이 함께 이겨낸 학생들과는 고3 마지막까지 좋은 결과를 냈던 기억이 많다. 새로 들어온 학생이 있다면 그 학생에게 그전에 다니던 곳과는 다른 곳이라는 이미지를 심어주기에도 좋다.

중요한 것은 사과할 때, 선생님의 자신감이 떨어진 모습을 보인다던가 시선을 피한다든가 하는 모습을 보여서는 안 된다는 점이다.

'비록 지난 중간고사 결과는 내가 부족해서 너희들이 원하는 점수를 받지 못했고, 그래서 너무나 미안하다. 하지만 다음 시험은 정말 잘해 내고 싶고 잘 해낼 수 있고, 자신 있다.'라는 이미지를 각인시키는 것이 중요하다.

잊지 말아야 할 것은 가르치는 선생님이 흔들리고 자신 없어지는 순간, 내가 맡는 이 학생들은 믿고 의지할 곳을 잃어버리고 더욱더 불안해하게 된다는 점이다. 능력이 부족하다고 여겨지면 더 열심히 공부하는 선생님이 되고자 스스로 다짐하고 더 공부하면 될 일이다.

지난 기간에 대해 정확히 평가했다면 지체하지 말고 기말고사 준비를 시작하자. 학생들의 수련회나 축제 같은 학교 일정이 마무리되는 5월 중순이 되면 다시 기말고사 대비 특강을 개설하고, 지난번에 부족하다고 평가된 부분들을 보완해 가면서 다시 한번 시험 대비를 하도록 한다. 12월도 그렇지만, 이 시기에는 시험 대비를 하면서 방학

특강에 대한 준비도 병행해야 하므로 정말 바쁜 시기라고 할 수 있다.

고1 여름방학 (7월~8월) - 2학기 진도를 마쳐야 한다

기말고사를 보고 나면 2주 정도 후에 여름방학이다. 여름방학은 3주 정도로 매우 짧은 편이기 때문에 자칫 아무것도 하지 못한 채 지나가 버릴 수 있기 때문에 미리 잘 준비해 두는 것이 중요하다.

특히 학원 방학을 언제 잡을 것인지 미리 결정해서, 미리 공지해야 가족 휴가 계획을 맞출 수 있다. 물론 따로 방학 없이 수업을 진행하고, 학생들 여름방학 이후에 휴식 시간을 갖는 것도 나쁘지 않다.

이 시기의 신규생은 거의 방학이 시작될 때 들어오는 경우가 많다. 따라서 기말고사 후 2주간 너무 많은 진도를 나가면 신규생이 진도 차이를 극복하기 어렵고, 또 선생님도 별도의 보강을 해야 하니 에너지 소모가 크다.

그래서 고1의 경우 기말고사 종료 후 2주간은 2학기 내용이 아닌 별도 내용으로 진도를 나가거나, 2학기 내용의 마지막 단원 진도를 나가는 게 좋은 방법이다. 2학기 마지막 단원을 미리 한 번 훑어본 학생들의 경우 여름 막바지에 다시 마지막 단원 진도를 나갈 때, 잊을만할 때 복습을 하는 효과가 있기 때문이다.

여름방학이 짧아 학생들의 진도가 너무 타이트하다면, 전체 내용의 절반 정도를 잘라서, 정규 수업에 전반부부터 시작하고, 후반부 내용은 특강 형식으로 진행해서, 방학이 끝날 때 혹은 8월 말까지는 2학기 진도를 나가도록 한다.

선생님은 이 시기에 내년 예비 고1 수업도 시작되므로, 시간표 구상과 특강 구상을 잘 짜놓도록 해야한다.

> 첫 중간고사 이후 학생들과 짧게라도
> 이야기하는 시간을 갖는다. 시험을 못 본 친구들에게
> 선생님이 먼저 진심 어린 사과를 건넨다.
> 이렇게 다져진 관계는 쉽게 끊어지지 않고
> 고3 마지막까지 좋은 결과를 내곤 했다

고1 2학기 (9월~12월) - 학생관리에 특히 신경 써야 할 시기

만약 고3을 데리고 있지 않은 상황이라면, 2학기는 따로 특별할 것이 없다. 작년처럼 예비 고1을 잘 다지면서 고1 내신 대비를 철저히 해주는 것에 집중하자.

그런데 9~10월에는 추석도 있고, 학교별로 축제나 행사도 많다.

또한 11월에 대학 수학능력 시험이 있기 때문에, 후배들은 선배들 응원을 준비하느라 바쁘기도 하고, 고3들이 학교에 잘 안 나오는 시기이다보니 1,2학년들도 덩달아 같이 풀어지고 놀고자 하는 욕구가 강해지는 시기이다. 또한 이미 학교 같은 반 아이들과 친해질 대로 친해져서 이런저런 약속도 많고, 결석도 잦아지는 시기이다.

휴일이 많이 있는 달이나, 학생들이 결석이 잦으면 곧 퇴원으로 이어지는 경우가 많으므로, 선생님은 수업과 더불어 특히 학생들 관리에 특히 신경을 써야 하는 시기이다.

고1 겨울방학 – 각 학교의 수업 편제를 파악해서 준비한다

예비 고1의 경우 작년의 경험을 살려 고1 전 과정에 대한 선행을 진행하면 된다. 고1의 경우는 2학년 준비를 시작하는 시기다. 지난 2학기 내신성적이 1학기에 비해 좋지 않은 학생들이 비교적 많이 나오게 되는데, 여름방학이 짧기도 하고 가을에 많은 행사들도 있고 해서 학생들이 실제로 공부할 시간이 적었기 때문이다.

좋지 않은 2학기 성적 때문에 특히나 고2 올라가는 겨울방학에는 학생들이 윈터 스쿨이나 기숙 또는 반기숙 학원을 찾아 나서느라 퇴원 혹은 휴원하는 경우가 적지 않다.

윈터 스쿨이나 기숙 학원에서 효과를 보는 학생들도 더러 있으나, 대다수 가서 졸고 앉아있는 채로 시간을 보내거나, 많은 학생들 틈에서 제대로 공부하지 못하고 이 중요한 겨울방학을 버리는 경우를 많이 보았다. 참 안타까운 일이었다.

학생 성향마다 다를 수 있고, 학생이 준비되지 않았는데 부모님 욕심으로 억지로 보내는 경우는 거의 실패할 확률이 높으니 2학기 후반에는 수업 중간중간에 이런 실패 사례를 들려주는 것도 좋다.

겨울방학이 시작되면, 고2에 올라가는 학생들은 고2 1학기 내용은 정규 수업으로, 2학기 내용은 특강으로 동시 진행하는 게 보편적이다. 고2 수학은 내용이 많기도 하고, 수능에 직접 출제되는 범위이기도 해서 겨울방학에 미리 선행하는 건 필수다.

특히 선생님이 신경 써서 준비해야 할 것은 학교마다 수업이 어떻게 편제돼있는지 확인하는 일이다. 학교마다 한 학기에 1권이 아닌 2권의 진도를 나가기도 하기 때문이다. 그래서 선생님은 겨울방학에 선행만이 아니라, 내신 유형에 대해 심도 있게 준비해야 한다.

학부모들도 요즘은 이때가 중요한 시기임을 거의 알고 있어서 많은 특강도 이해한다. 최대한 수학 수업 시간을 많이 진행되기를 바라기도 하고, 그렇게 하지 않으면 오히려 불만을 갖기도 한다.

수업은 1,2학기 내용에 대해서 개념서 1권과 연습 혹은 과제용으로 유형서 1권씩 정도를 마무리하겠다는 목표로 계획을 짠다. 그게 과하다면 1학기 내용은 개념서 1권과 유형서 1권을, 2학기는 개념서 1권을 목표로 삼는 게 좋다.

내신에 대한 준비는 수능 혹은 고3 모의고사 기출문제 혹은 수능특강에 수록된 문제를 미리 풀어본다. 내신이 어려운 학교의 경우는 내신 기출도 미리 풀도록 수업하는 것이 좋다. 지역마다 학교마다 내신의 난이도와 출제 유형이 조금씩은 다르지만, 고2 수학 내용은 수능에 출제되는 단원들도 구성되어 있기 때문에, 거의 모든 학교가 내신에 수능용 문제를 출제하기 때문이다.

고2 1학기 - 내신 점수 올리는 데 집중하자

2학년 1학기까지는 내신 잘 따는 것에만 집중하자.

이 시기에 학생들이 많이 하는 질문이 정시로 가야 하나요, 수시로 가야 하나요, 이다. 또한 지금부터 내신을 잘 따면 어디 대학까지 가능하는지, 대학 입학에 실질적 효과를 노릴 수 있는 방법에 대해 많이 질문한다.

1학년 내신을 3~4등급을 받은 학생도 일단 2학년 1학기 까지는 수시로 생각하고 내신에 집중하는 게 맞다. 1학년 내신이 낮다는 이유로 2학년 1학기부터 정시 쪽으로 방향을 잡으면, 아직도 많이 남은 내신 기간에 집중하지 않게 되고, 그렇다고 수능 준비를 열심히 할 것도 딱히 없어서 허송세월하는 경우를 많이 봤다. 지나치게 빠른 타이밍에 정시를 결정하는 건 수능 준비를 열심히 하겠다는 각오가 아니라, 내신대비를 하고 싶지 않다는 회피의 의미인 경우가 많다는 것을 잊지 말자. 2학년 내용은 수능을 준비하는 것과 내신을 준비하는 것이 크게 다르지 않음을 강조하고, 최대한 좋은 등급으로 내신을 올려볼 수 있도록 독려하는 게 중요하다.

2학년이 되면 어디선가 들은 것들이 생기면서 정시 수시 따지고, 가고 싶은 학교에서 이 과목을 반영하네 안 하네 따지면서 효율적인 공부를 주장하는 아이들이 늘어난다. 학생들의 그런 요구나 의견에 전혀 대응하지 못하면, 아이들은 자신의 의견이 맞다고만 생각하기 때문에 이 시기에는 선생님들도 입시나 교육 정책 변화에 관심을 갖고 어느 정도의 지식은 갖고 있으려고 노력해야 함을 잊지 말자.

고2 여름방학 – 수능 및 모의고사 기출문제를 집중 연습한다

2학년 1학기 내신까지 망친 학생이라면 이때부터는 정시 쪽으로 방향을 잡을 만하다. 수학에 대해서만 얘기하자면, 2학년 2학기 내용은 수능에 꽤나 비중 있게 출제되는 단원들로 구성되어 있고, 난이도도 제법 높은 단원들이라 깊이 있게 공부하는 여름을 준비하는 게 좋다. 물론 내신을 따야 하는 학생도 마찬가지다.

2학기 내용에서는 수능 기출 제 중에 좋은 문제들이 많기 때문에, 학교 선생님들이 수능 기출문제를 가지고 내신에서 변별력 있는 문제로 사용하는 경우를 많이 본다. 그래서 고2 여름부터는 내신을 준비하는 학생이든 수능을 준비하는 학생이든 수능 및 모의고사 기출문제들을 어느 정도씩은 연습해야 한다.

따라서 2학년 학생들의 경우 2학기 선행과 유형 연습을 정규 수업으로 하고, 모의고사 기출 풀이를 특강 형식으로 잡는 게 좋다. 다만 시기가 짧기 때문에 기출문제집을 선정하면 다 풀지도 못할 뿐 아니라, 앞쪽만 건드리다 말기 때문에 이때는 자체 교재로 각 단원 우수 기출 문항을 4점 중심으로 선별해서 준비하도록 하자.

> 고2가 되면 수시, 정시를 따지기 시작한다. 2학년 내용은
> 수능과 내신 준비가 다르지 않음을 강조하고,
> 최대한 내신을 올리도록 독려한다

고2 2학기 - 수능 시험지 분석을 통해 출제 경향을 파악한다

맡은 학생들을 고3까지 끌고 가서 졸업을 시킬 생각이라면, 2학기의 핵심 테마는 9월 모의고사와 수능이다. 그해 평가원 모의고사(6월과 9월)와 수능은 다음 연도 수능의 근간이 되기 때문에 예비 고3은 수능의 출제 방향과 난이도를 잘 체크해 두는 것이 중요하다.

선생님들은 당장 올해 수능 시험지만을 분석할 것이 아니라 과거 2~3년 정도의 평가원 모의고사와 수능 시험지 분석에 들어가야 한다. 문제를 분석한다는 것은 풀이를 고민하고 적절하고 합리적인 해법을 제시하는 것을 넘어서, 과거에는 나왔으나 최근에는 등장하지 않는 유형 또는 과거에는 보이지 않았는데 최근 중요하게 다뤄지고 있는 내용을 정리해 두어야 한다.

2학기를 마치고 겨울방학에 들어서면 본격적인 고3 생활의 시작이고, 대부분의 학생들이 고3 수학 내용을 배우면서 기출문제집을 풀게 된다.

보통 시중의 기출문제집은 어느 정도 선별한 문제들로 구성되긴 하지만, 중요도를 따지기보다는 그야말로 기출문제를 모두 수록하는 수준이라 문제 양이 상당히 많다. 학생들은 멋모르고 그 모든 기출문제를 풀게 되면, 정작 중요한 것과 중요하지 않은 것은 구분하지 못한 채 그저 풀었다는 것에 만족하는 경우가 된다.

따라서 처음 기출문제집을 접하게 될 때는 푸는 문제를 늘려주기보다 줄여주는 것이 좋은 공부 방법이기 때문에, 가르치는 선생님이 출제 경향과 유행을 정확히 알고 있어야 한다.

고2 겨울방학 – 수능특강 변형 문제로 자체 교재 제작하기

입시에서 가장 중요한 시기임은 두말할 여지가 없다. 고2 겨울방학이 되자마자 기출문제를 푸는 수업을 시작하자. 2학년 2학기 내용은 직전에 했으니 바로 '문제 풀이' 수업으로 해도 좋고, 1학기 내용은 기억이 가물가물할 시점이니 '내용 복습과 문제 풀이'를 병행하는 수업이 좋다.

이때 고3 진도도 나가기 시작해야 한다. 학교에 따라 2학년 겨울에 미리 3학년 내용을 선행한 경우도 있겠지만, 대부분은 고3 1학기에도 정규 수업을 하기 때문에 선생님들도 고3 진도 수업반을 개설해 놓아야한다. 이쯤 되면 혼자서 모든 수업을 할 수 없는 상황이 된다. 선생님을 더 증원해서 해나갈지 집중 학년을 만들지 등은 상황을 보면서 결정하자.

몸이 고되긴 하겠지만, 내가 키워온 아이들이 대학에 합격할 때까지 한번은 끌고 가보자. 이런 경험은 더없이 소중하다. 그러니 해야 할 공부가 많고 수업 스케줄이 꽉 차 있다는 핑계로 학년을 아래로만 바라보지 말고 고3 학생들과 함께 굳은 각오로 한 해를 준비해 보자.

기출문제와 진도로 1월을 보낼 즈음 수능특강이 나오게 된다. 2월까지는 기출문제와 고3 진도에 집중하되, 겨울방학이 끝나면 바로 수능특강을 시작한다. 수능과 연계된 EBS 교재기 때문에 '수능특강'을 수업 교재로 삼는다.

그런데 대부분의 학교가 고3 1학기에 수능특강으로 수업을 하기 때문에 학교 교재와 겹치는 문제가 생긴다. 차별화를 시도할 거라면 수능특강 변형 문제로 자체 교재를 준비해도 좋고, 아니면 우수 문항 중심으로 편집해서 중요한 부분 혹은 문제를 강조해 주는 것도 좋다.

> 고2 학생들이 처음 기출문제집을 접할 때,
> 문제 양을 늘리기 보다 오히려 줄여줘야 한다.
> 따라서 선생님은 수능의 출제 경향을
> 정확하게 파악하고 있어야 한다

고3 3월 모의고사 – 전년도 수능 패턴을 분석해 본다

보통 3월 모의고사는 전년도 수능의 출제 유형을 참고해서 출제되는 교육청 모의고사이다. 평가원 모의고사가 아니고, 시험범위도 한정된 시험이라 학생들이 수능의 유형을 파악하는 정도로 사용할 수는데, 문제는 학부모와 학생들의 소문이다.

대학입시를 경험해 보지 못한 학부모와 학생들 사이에서는 3월 모의고사 점수가 곧 수능 점수라는 소문이 파다해진다. 긴장하는 학생들도 많고 예의주시하는 학부모들도 많으니 선생님 입장에서는 3월 모의고사도 신경을 안 쓸 수는 없다.

최근 2~3년 3월 모의고사를 풀어보는 것도 좋지만, 수능의 패턴이 변화되고 있는 시점이면, 나는 전년도 수능 패턴을 분석해 보라고 권하고 싶다. 그러면 선생님들도 이번 3월 모의고사의 유형을 예측할 수 있을 것이다.

고3 4월 (5월) 모의고사 – 4점 유형을 중점적으로 연습한다

3월 모의고사를 보고 난 후 한 달 정도 후에 한 번 더 교육청 모의고사를 보게 된다. 3월보다는 좀 더 어렵게 출제될 때가 많다. 3월 모의고사를 이후 한 달 정도는, 틀렸으나 연습하면 맞출 수 있는 4점 유형을 두세 개를 정해서 그 유형 중심으로 연습해 보는 게 좋다.

예를 들어 삼각함수 활용 도형 문제를 3월 모의고사에서 틀렸다면 4월 모의고사를 보기 전까지 그 유형의 기출문제들을 다 풀어보고 나름의 해결 방법을 준비해 보는 것이다.

4월 모의고사가 끝난 후에는 그렇게 준비했던 유형의 문제를 맞힐 수 있었는가에 초점을 두고 분석하는 게 중요하다. 맞췄다면 어떤 식으로 학생의 점수를 올려가야 할지 감이 올 것이고, 또 틀렸다면 접근 방식을 어떻게 바꿔봐야 할지 정밀하게 분석해야 한다.

고3 중간고사 – 수능을 준비하는 마음으로 내신을 대비한다

모의고사가 끝나자마자, 혹은 모의고사를 보기 직전에 1학기 중간고사가 있다. 대부분의 학교가 고3 중간고사는 수능형 문제를 출제하는 경향이고, 그렇지 않더라도 기출문제를 변형해 출제하곤 한다. 수학이라는 과목은 고3 중간고사를 대비할 때, 수능을 준비하는 마음으로 내신대비를 해도 좋다는 뜻이다.

수시로 방향을 잡고 내신을 잘 따오던 학생의 경우 고3 내신은 그 어느 때보다 중요한 시험이라고 생각하고 혼신의 노력을 다해야 한다.

이미 정시로 방향을 잡은 학생의 경우도 마찬가지이다. 수능에

응시하는 과목 이외의 과목은 비교적 적게 공부해도 좋지만, 수능에 출제되는 과목의 경우에는 단기간 집중 연습으로 모의고사 점수를 올리는 시기이다.

그러니 선생님은 시험범위에 해당하는 기출 문제 혹은 수능특강 문제를 반복 연습시키도록 한다.

고3 6월 모의고사 – 몇점인지가 중요한 시험은 오로지 수능뿐

고3 6월 모의고사가 얼마나 중요한지는 두말할 필요도 없다. 선생님들뿐 아니라 학생들도 이미 다들 알고 있기에 6월 모의고사를 앞두고 엄청나게 긴장하고, 그 결과를 두고 희비가 엇갈리곤 한다.

시험보기 전 긴장하는 거야 어쩔 수 없는 일이지만, 6월 모의고사 결과를 바라보는 시각은 좀 달라야 한다. 단순히 이번 시험에서 몇 점을 받았다에 초점을 두어서는 안 된다. 예비 수능이라 생각하고, 못 보면 수능 150여 일을 앞두고 미리 문제점을 발견할 수 있어 다행이라고 생각하고, 오히려 부족한 부분을 메울 기회가 생겼다고 심기일전 하는 것이 최선의 선택이다. 선생님들은 바로 이런 마음가짐을 학생들에게 시험 보기 전부터 계속 강조해야 한다.

또한, 선생님 입장에서도 6월 모의고사를 얼마만큼 적중했는가가 중요한 게 아니라, 6월 모의고사 시험지를 두고, 올해 수능을 예측

할 수 있도록 노력해야 한다. 작년 수능에 비해서 어떤 부분이 달라졌는지, 어떤 부분이 유지되고 있는지를 유심히 분석하고, 수능특강과 어떤 내용이 어떤 식으로 연계되고 있는지 수능의 출제경향성을 파악할 수 있어야 한다.

무엇보다 중요한 것은 내 학생의 수준과 성향을 판단해서 남은 기간동안 어떤 내용에 집중해서 얼만큼의 성취가 가능할지 가늠해보고 수업계획을 세우는 일이다. 대부분의 선생님이나 학원에서 6월 모의고사를 대비하는 기간에 많은 양의 문제를 풀리고, 시험이 끝난 후 그저 몇점 받았다, 열심히 했던 것에 비해 잘했다 못했다, 실수가 몇 개다, 이런 것에만 집중하곤 한다.

선생님도 반드시 기억하고 학생들에게도 미리 수십번 얘기하자! 몇 점을 받았는지가 중요한 시험은 오로지 수능 뿐이다!

> 고3 6월 모의고사를 본 뒤, 중요한 것은
> 내 학생의 수준과 성향을 판단해서 남은 기간동안
> 어떤 내용으로, 얼만큼의 성취가 가능할지
> 수업계획을 세우는 일이다

고3 여름방학 (7~8월) - 선생님만의 자체 파이널 교재를 만든다

고3은 여름방학 때 별다른 특강은 하지 않고 오로지 수능 준비만 시킨다. 논술을 준비하는 학생들의 경우 이 시기에 논술을 병행하게 될 것이고, 학생부 전형 중 수능 최저가 없거나 미미한 학교를 예상하는 학생들은 이미 고3 생활을 마무리하기도 한다.

7~8월에도 수학 공부하는 학생이라면 어떤 전형을 지원하든 수능 점수에 영향을 받는 학생들이므로 마지막 마무리에 박차를 가한다.

이 시기 핵심 교재는 수능완성이다. 수능완성은 앞쪽에 유형편과 뒤쪽에 실전편으로 구성되는데, 유형편은 단원별로 기출 문제와 유사 한 예상문제이고, 실전편은 수능과 같은 형태의 모의고사가 5회로 구성 되있다.

보통 실제 수능에서 연계는 실전편에서 많이 나오기 때문에 꼼꼼히 풀도록 지도한다. 실전편은 그야말로 실전 연습용이다. 학생들에게 반드시 시간을 재고 실전 테스트 형식으로 풀어보도록 한다.

EBS에서 나오는 파이널 모의고사 형태의 문제집들도 있긴 하나, 수학은 수능특강과 수능완성만이 연계교재이다. 수능특강과 수능완성을 모두 수업을 하게 되면, 두 교재에서 우수 문항을 선별해서 마무리 교재 작업을 해둔다.

예를 들면 6월 모의고사 각 문항을 대표 예제로 그 문제와 유사 형태 혹은 같은 단원의 우수 문항을 유제 형태의 파이널 교재로 제작하는 것이다. 이것으로 9월 이후에 최종 마무리까지 수업하는 데 사용하는 것이 좋다. 고3 학생들에게도 매우 유용할 뿐 아니라 선생님들의 수능을 준비하는 안목 역시 기를 수 있으니 힘들더라도 한 번씩 해보기를 권유한다.

고3 9월 모의고사 - 마지막까지 학생들의 멘탈을 관리한다

이제 마지막 평가원 모의고사를 봤다. 6월 모의고사 후 계획했던 대로 진행을 했는지, 그게 유효했는지 미흡했는지를 평가해보자. 6월과 9월의 시험지를 같이 펴 놓고 전 문항을 분석해 보면 올해 수능의 큰 흐름을 파악할 수 있다.

9월 모의고사 이후 수능까지 계속 파이널 수업을 진행할 경우, 선생님이 분석한, 올해 수능의 출제경향에 맞다고 생각하는 문제들로 파이널 프린트 또는 교재를 준비한다. 선생님만의 파이널 교재는 수능의 큰 흐름에 맞는 몇 개의 주요 유형과 그 문항 중심의 분석을 내용으로 한다.

그렇지 않으면 시중에 나오는 N제 형태의 모의고사 문제들로 시간을 재고 테스트하고, 질문만 받는 형식으로 마무리하기도 한다.

단 시중의 N제를 선택할 때 꼭 유념해야 할 것은 올해 9월 모의고사 이후에 그 내용을 반영해서 출시된 문제를 골라야 한다는 사실이다. 그래야 얼토당토않은 문제들은 배제되고, 가능한 수능의 출제 방향에 맞춘 문제들로 최종 연습을 할 수가 있다.

> 6월 모의고사 각 문항의 대표 예제로 그와 유사한 형태,
> 또는 각 단원의 우수문항을 뽑아
> 선생님만의 파이널 교재로 제작해 최종 수업까지 한다.
> 고3학생뿐 아니라 수능을 준비하는 선생님의
> 안목을 키울 수 있다

에필로그 - 또다른 내일을 위해

예비고1을 받는 시기부터 고3 9월 모의고사까지 체크 해야 할 점들과 준비해야 할 것들을 담아 보려고 했다.

글을 마무리하고 있는 시간에 선생님들과 소통하는 대화방에 장

문의 글이 하나 올라왔다. 4년이나 가르친 한 학생이 인사도 없이 갑자기 그만둔 것에 대해 당황함과 서운함에 관한 이야기였다. 읽다가 문득 그런 생각이 들었다.

정말 갑자기 그만두거나 갑자기 헤어지게 되는 경우가 정말 많이 있을까? 혹시 그동안 내게 보내온 사인을 못 알아본 것은 아닐까?

중학교에서 고등학교로 넘어가면서 헤어지는 경우 그 학생의 다음 행보에 대한 구체적 계획이 내게 없다면 내가 먼저 헤어짐을 가정하고 있었던 것은 아닐까?

완벽할 수야 없겠지만, 가능한 한 오랫동안 정든 학생들과 함께하고, 또 그들이 좋은 결과를 내서 좋은 대학에 들어가는 모습까지를 상상한다면, 단 하루도 편히 쉬기가 쉽지 않다.

이 일을 하다 보면 무수히 많은 새로운 아이들과 인연을 맺고 또 숫자만큼의 아이들과 헤어지는 일을 겪게 된다. 정들었던 학생과 헤어지는 일은 아무리 여러 번 반복해도 굳은살이 생기지 않는 아픔이라는 것을 절대 모르는 게 아니다.

다만 내가 준비가 부족해서 헤어지는 상황을 만든다면 그건 갑자기 헤어짐을 얘기하는 학생의 문제가 아니라 헤어질 수밖에 없는 상황을 만들어 놓은 내 잘못일지 모르겠다는 생각으로 또다른 내일을 준비하는 것이 어떨까?

완벽할 수야 없겠지만, 가능한 한 오랫동안 정든 학생들과 함께하고, 또 그들이 좋은 결과를 내서 좋은 대학에 들어가는 모습까지를 상상한다면, 단 하루도 편히 쉬기가 쉽지 않다는 사실을 명심하자.

그것이 이 일을 하는 우리 선생님들의 소명이라고 생각한다.

퇴원 제로를 만드는 기본 수업법

공부방을 운영하면서 외로움을 느끼는 것은 당연한 일입니다. 시도 때도 없이 고민들이 찾아오지요.

'나만 힘든가?'

'우리 아이들만 시험이 어려웠던 거 아냐?'

'우리 공부방 학생들만 이 정도 난이도가 힘든 것일까?'

불쑥불쑥 떠오르는 고민들은 가슴을 답답하게 만들고, 심지어는 잠도 못 이루게 합니다. 이런 날들이 계속되면 정말 세상천지에 내 편은 하나도 없는 것 같은 외로움이 밀려옵니다.

만약 회사를 다닌다면 하소연할 수 있는 직장 동료가 옆에 있고, 어려운 상황이 닥치면 미우나 고우나 직장 상사에게 도움을 요청할 수도 있잖아요.

그런데 우리 공부방 선생님은 혼자입니다.

어렵고 난감한 상황이 발생해도 의논할 상대도, 답답하거나 때로는 억울한 심정을 토로할 상대도 없습니다. 설사 집안에 내 편 아닌 내 편이라 불리는 동반자가 있어도, 괜히 이야기를 꺼냈다가 '관둬라.' 소리 듣지 않는 걸 다행으로 여겨야지요.

정말 크지 않은 공간에서 수업하랴, 아이들, 학부모 관리하랴, 블로그나 인스타 등 각종 SNS는 물론 상담에 홍보에… 혼자서 감당해 내야 할 일들은 산더미인데… 아끼고 믿었던 학생의 갑작스러운 퇴원 통보까지 받는 날이면, 그야말로 이 불타오르는 심정을 어디 가서 누구에게 털어놓는단 말입니까?

뼈가 시리도록 외로워지는 것은 너무도 당연하지요.

저 역시 그런 시절들을 겪고 통과해 왔습니다.

더 이상 혼자 고군분투하고, 외로워하지 마세요.

저는 우리 공부방 선생님들께 '공부방 선생님들을 위한 온라인, 오프라인 모임'을 권하고 싶습니다.

공부방 선생님이 아니고서는 짐작도 못 할 내밀한 속내를 털어놓을 수도 있고, 또는 진솔하게 공감하고 맞장구쳐주는 것만으로도 서로서로 마음의 평화와 지혜를 얻을 수 있습니다.

특히 초보 선생님이 아니더라도 경험하지 못했던 많은 일들을 현명하게 해결해 낸 동료 선생님들의 이야기를 듣는 것은 정말 큰 힘이 됩니다. 간접경험이라는 것이 얼마나 큰 힘을 발휘하는지 잘 아실 거예요. 성공한 선생님들의 알토란 같은 운영 노하우들은 정말 황금보다 가치가 있지요.

사실 요즘 학생이나 학부모님들의 유형은 얼마나 다양한가요.

당혹스럽고 난감한 상황이 발생할 때, 이제 혼자서 이 악물지 마세요. 늙어 고생합니다. 전국의 다양한 학생과 학부모님들을 직접 경험해 볼 수는 없기에, 동료나 선배 선생님들의 속 시원하고 현명한 대처법을 미리미리 배우고 공유해 봅시다.

교육 현실도 정말 빠르게 변해가고 있지요.

교육정책은 왜 이렇게 자주 달라지는지, 또 각 지역의 학교마다 상황들은 들쭉날쭉 어찌나 다양하게 바뀌는지, 매번 해결 방법을 찾는 게 정신적으로나, 육체적으로 참 힘이 듭니다. 그래서인지 제가 오프라인이든 온라인이든 선생님들을 만날 때마다 수업에 대한 고민을 가장 많이 토로하세요.

"요즘 공부방 운영하는데 점점 더 많은 노력이 필요하게 되네요. 수업 준비 시간도 그렇고 학부모 관리 시간도 많이 소요되고요. 선생님들은 요즘 어떻게 수업을 준비하고 계세요?"

저도 마찬가지입니다.

정말 선생님들의 얘기에 백 퍼센트 공감입니다. 경쟁이 심해진

만큼 선행은 물론, 심지어 유치원 때부터 학구열을 불태우는 학부모님들이 많아졌잖아요? 그래서 저 역시 예전보다 수업을 준비하는데 더 많은 시간이 들어갑니다.

학교의 평가 방식이 변하면 수업방식과 내용이 달라지기 때문에, 저 역시도 바뀐 교육 과정과 학교 수업에 대해 빼놓지 않고 체크하고 공부합니다. 그에 맞춰 우리 공부방에 필요한 수업 자료 또한 열심히 만듭니다. 처음 공부방을 시작했을 때처럼, 매일 일정 시간 동안 수학 공부를 하고, 티칭 연구를 하고, 새로운 평가지를 만드는 데 가장 많은 시간을 들이고 있습니다.

너무 힘들지 않냐고요?

20년 전 혼자 고민하고, 속앓이를 했던 거에 비할까요. 지금은 다른 선생님들과 함께 수업 자료들을 공유하니까 힘들기는커녕 오히려 재미있고, 더 잘 만들어야겠다는 의욕이 생깁니다.

변화는 기회이고 기회는 이삭줍기예요.

열 명 미만이라도 좋습니다. 온·오프라인에서 친한 선생님들의 모임을 만들어 공부방 운영 이야기도 하고 수업 자료도 공유해 보세요. 이때 꼭 유념하셔야 할 딱 한 가지가 있습니다. 모든 선생님이 본인의 자료를 80% 이상 내놓고 공유한다는 원칙을 세우는 것이에요.

한두 선생님들만 일방적으로 자료를 내놓다 보면 그 모임은 지속되기가 어렵습니다. 맞드는 손이 많을수록 서로 힘이 덜 드는 법이지요.

1년만 지속해 보면 깨닫게 되실 거예요. 어느새 알차고 값진 자료가 만들어졌고 전에 없던 활력과 자신감이 차올랐다는 사실을 말이죠.

퇴원생 제로,
장기회원
만드는 비법

이번에는 어떤 학생과 학부모님을 만나게 될까?

설렘 반 걱정 반입니다.

수학 공부방 신규회원을 맞이할 때마다 드는 복잡한 감정입니다. 홍보로든 학부모님의 소개로든 신입생과 수업할 생각에 설레기도 하지만, 혹시나 말과 행동이 다른 학부모님을 만날지도 모른다는 생각에 걱정이 앞섭니다. 아마도 중간 없이 상위권 하위권으로 편중되기 쉬운 수학이라는 과목의 특성과도 닮은 것 같아요.

학부모님들의 요구도 정말 복잡해졌습니다. 예전에는 단순했어요. 엄하게 가르쳐도 되니 수학 성적을 확실히 올려 달라거나, 아이가 힘들어하더라도 남겨서 공부를 더 많이 시켜달라는 분들이 대부분이었죠.

아마 요즘 공부방 선생님들이 가장 힘들어하는 부분 중 하나가 달라진 학부모의 요구일 것 같아요.

'우리 아이 스트레스받지 않게, 재미있게 수학 공부를 시켜주세요', '숙제 안 해온다고 뭐라고 하지 말아 주세요.'

그런데 여기에 성적 욕심은 기본입니다. 수학 성적은 당연히 잘 나오고 실력이 쭉쭉 보란 듯이 올라가야 하지만, 내 아이가 힘들지는 않아야 하고, 재미있게 수학을 공부할 수 있어야 한다는 거지요.

재미있게 수학 수업을 진행한다?

저야말로 그렇게 되길 원합니다. 어느 누가, 어떤 선생님이라고 화내고, 눈치 보고, 달래가면서 힘들게 공부를 시키고 싶겠어요? 현실이, 수학이라는 과목이 그렇지 않은 게 문제지요. 아이들이 수업 시간에 늦고, 수업에 집중 못 하거나, 문제를 엉터리로 풀게 되면, 당연히 선생님은 엄하게 수업할 수밖에 없습니다. 수업 시간은 정해져 있는데, 정해진 학습 분량을 처리해 내려면 무서운 선생님으로 돌변하는 것은 당연한 결과지요. 결국 무서운 선생님이라는 악역을 맡을 수밖에 없게 됩니다.

하지만 저도 선생님들도 악역은 싫잖아요. 지치고 힘들고, 에너지가 다 고갈되는 일이잖아요. 악역에 신이 나는 사람은, 악연 전문으로 사랑받는 배우들뿐이겠죠.

정말 뭐든 방법이 없을까요?

있습니다.

악역 캐릭터를 멋지게 변화시켜 선생님을 능력자로 만드는 방법. 이제는 이 방법을 상담에서부터 소화해 보시는 건 어떨까요.

작년에 가르치는 학생의 소개로 만난 예진(가명임)이 이야기입니다. 예진이는 처음 만났을 때 얌전하고 웃는 모습이 너무도 귀여운 중학교 1학년 학생이었어요. "공부를 잘하지는 못해요. 하지만 착해요." 예진이를 데려온 아이는 그렇게 예진이를 소개했어요.

예의 바르고 착한 학생은 누구나 좋아하죠. 친구를 소개해 준 학생에게도 정말 고마웠어요. 하지만 '그래. 착한 학생은 많다. 하지만 선생님은 착하면서 공부도 잘하는 학생이 좋은데…'라는 속마음은 차마 말하지 못했어요. 그저 헤헤 웃어줬습니다.

상담을 받고 싶다는 예진이 어머님의 문자 메시지를 받고 상담 날짜를 정했어요. 저는 예진이 실력에 맞춰 너무 어렵지 않은 수학테스트지를 만들고, 샘플이 될 수 있는 수학교재도 준비했어요.

그렇게 예진이와 예진이 어머님을 처음 만난 날.

예진이는 테스트지를 보자마자 표정이 어두워졌어요. 가뜩이나 수학이 어려워서 배우고자 찾아온 아이인데, 엄마 보는 앞에서 문제를 푸는 게 얼마나 부담이 크겠어요?

"예진아. 이 테스트지는 선생님만 볼 거야. 부담 갖지 말고 편하게 풀어봐~ 혹시 헷갈리는 부분이 있다면 그냥 넘어가도 괜찮은 거야~."

그렇게 예진이를 토닥이며 다른 방으로 데려갔어요. 예진이가 문제를 푸는 15~20분 동안 저는 어머님과 다른 방에서 상담을 진행했습니다.

나 : 예진이가 어머님과 제가 보는 곳에서 문제를 풀면 많이 부담스러워 할 수 있어요. 그래서 다른 방에서 풀게 합니다.

어머님 : 아~네.

나 : 예진이가 수학을 어려워하는 편인가요?

어머님 : 수학을 좋아하지는 않아요. 노력은 하는데 성적도 잘 나오지 않고, 힘들어하네요.

나 : 수학을 좋아하는 학생은 드물지요.~ 예진이가 지금까지 수학을 어떻게 학습해 왔나요? 학원을 다녔나요? 아니면 과외?

어머님 : 학원에 다녔었어요. 근데 예진이가 모르는 부분이 있으면 질문을 해야 하는데, 모른다고 이야기하기가 어려웠나 봐요. 그래서 계속 모르는 부분이 쌓이고, 이번 시험도 노력한 것만큼 결과가 나오지 않아서 속상해했어요.

나 : 아이고, 그랬군요.

어머님 : 네~ 속도도 빠르지 않아서 따라가는 것도 힘들어했어요.

나 : 네~ 수학은 개념을 정확히 이해한 후에 문제를 풀면서 그 유형을 자기 것으로 만드는 것이 중요합니다. 그래서 저는 초반에는 개념이 이해될 때까지 설명을 한 후에, 다양한 개념 문제를 풀고, 그 개념에서 난이도를 조금씩 올려가면서 아이가 문제를 이해하고 자기 것으로 만들 수 있게 진행을 합니다.

어머님 : 네~ 저도 빠르게 진행하는 것은 좋아하지 않아요. 우리 아이가 느린 편이라서 천천히 진행하면서 수학을 힘들어하지 않았으면 좋겠어요.

나 : 네~ 우선은 아이가 수학에 자신감을 가지는 것이 중요합니다. 자신감이 생기고 문제 푸는 속도와 정확도가 높아지면 성적은 자연스럽게 올라가게 되어 있거든요. 무리하게 초반부터 성적을 잡아가려 하면 아이도 수학에 질려할 수 있고, 올라간 성적도 다음에 금방 떨어질 수 있고요.

어머님 : 네~ 저도 그렇게 생각해요.

(이야기를 하는 동안 시간이 흐르고 아이가 문제를 풀어왔다.)

나 : 예진아~ 많이 어려웠니?

학 생 : 네. (수줍게 웃는다.)

어머님 : 그래도 꼼꼼히 풀어보지? 많이 어려웠어?

나 : 괜찮습니다. 어머님. 제가 아이의 첫 교재를 선택하기 위해 참고하는 부분일 뿐 테스트 결과가 많이 중요하지는 않습니다. 앞으로가 더

중요하지요.

어머님 : 네~

어머님에게 예진이의 테스트지 결과를 보여드리고, 예진이의 현 상황에 대한 설명과 함께 앞으로의 수업 교재와 시간, 그리고 수업 방향에 알려드렸어요. 어머님은 크게 기대에 찬 표정이 아니었죠. 예진이가 워낙 수학을 싫어하고 힘들어하는 것을 어머님도 이미 알고 계셨기 때문에, 예진이가 수학에 자신감을 갖고 재미있게 다녔으면 좋겠다고 다시 한번 원하셨어요. 저도 어머님께 협조를 구했습니다.

"예진이가 수학에 자신감을 가지고 성적이 올라가는 기쁨을 느낄 수 있도록 제가 최선을 다할 겁니다. 그러기 위해서는 어머님의 협조가 꼭 필요합니다. 예진이가 수업을 하면서 힘들어하거나, 잠시 쉬고 싶은 상황이 생겨도 저에게 모든 것을 상담해 주세요. 제가 예진이와 이야기하고 수업량을 조절하면서 진행해 나갈 겁니다.

공부를 하는 것은 예진이고, 그 공부를 함께 이끌어 나가는 사람은 선생님이기 때문에 예진이와 저와의 소통이 제일 중요해요. 어머님께서는 저에게 의지해 주시고, 예진이와 저의 중간 다리 역할을 튼튼히 해주세요."

어머님은 "그러겠다."라고 약속하고 수업 등록을 하셨지요.

수업을 진행하면서 보니 예진이는 받아들이는 속도도 느리고, 반복연습도 많이 해야 하는 상황이었어요. 저는 늘 그렇듯이 당근과 채찍을 번갈아 사용했습니다. 수업을 할 때는 "와~ 잘하는데~, 가르치는 보람이 있다. 너 같은 학생만 있었으면 좋겠다." 등의 칭찬 당근을 선사하고요, "예진아~ 이건 하고 가야 해~, 집중해서 풀어야지~ 졸리면 스트레칭하거나 세수하고 오자. 집에서? 안돼!! 해야 해." 등의 채찍도 잊지 않았습니다.

예진이가 너무 힘들어한 경우, 다음날 학교에서 만나 같이 핫도그나 간식을 사 먹으며 수다를 떨었지요. 수학이 힘들어도 해야만 하는 이유에 대해 유머를 섞어가며 진심 어린 조언을 전했습니다.

역시나 어머님으로부터는 예상한 전화나 톡이 중간중간 오기도 했습니다. '아이가 힘들어하니 오늘은 쉬게 했으면 좋겠다', '오늘은 일찍 보내 달라', '숙제를 다 못해 가는데 혼내지 말아 달라.' 등의 요구사항이었지요. 그때마다 어머님과 다시 상담을 했습니다.

"일찍 귀가하는 경우도 예진이에게는 미리 이야기하지 말아 주세요. 어머님께서 요구하셔서 제가 일찍 보내는 것과, 제가 예진이가 힘들어하는 것을 보고 예진이와 이야기를 해 본 후에 보내는 것은 정말 다릅니다. 예진이가 다르게 받아들이거든요. 그러니 힘들어할 때도 예진이에게는 '무조건 공부방에 가서 공부해라.'라고 이야기해 주세요. 다독이면서 학습량을 조절하는 것은 제가 결정할 수 있게 해주세요."라고 당부의 말씀을 드렸습니다. 당연히 어머님의 다짐도 잊지 않고 받았지요.

이 모든 과정은 많은 인내심과 시간이 필요한 일입니다. 학생과 선생님 간의 두터운 친밀감과 신뢰는 하루아침에 쌓이는 게 아니기 때문이죠. 힘들고 고되지만, 그 결과는 놀랄 만큼 좋을 거예요. 선생님의 보람도 몇 배나 커지고, 어머님의 변화도 감동적일 거예요.

예진이는 조금씩 실력이 잡혀갔고 성적도 꾸준히 올라가면서 2학기 중간고사 때는 90점을 받게 되었습니다. 지금은 공부하다 힘들어지면 엄마가 아닌 저에게 표현해 줍니다. 아직도 넘어야 할 산이 많고, 더 긴 인내가 필요하겠지요. 하지만 아이에게 의지가 생기고, 그 옆에 제가 함께한다는 믿음을 갖고 있기 때문에, 저는 오늘도 더없이 즐거운 마음으로 예진이를 기다립니다.

성적이 올라가면 모든 게 좋아질까요?
여기서 우리 공부방 선생님의 울화통이 터지는 상황이 펼쳐지기도 합니다. 열과 성을 다해 성적을 올려놓으면, 다른 곳으로 옮기는 학생들이 꼭 나오게 됩니다. 애써 키워놓은 제자를 다른 학원에 빼앗

겼을 때의 속상함이란… 몇 날 며칠이 지나도 사그라들기 어렵지요.

"이제 좀 체계적으로 본격적으로 공부해 보려고요."라는 이유를 대며 선생님 뒷덜미를 부여잡게 만드는 학생과 학부모님도 있지요.

선생님 자존감도 떨어지고, 허탈한 심정에 노화도 급속히 찾아오는 것 같습니다.

그럼 성적을 올려주지 말아야 할까요?

제 경험으로 비추어보았을 때, 성적이 올랐다고 퇴원하는 학생들이 생기는 이유는, 지나치게 빠른 성적 향상을 목표로 잡고, 그 결과를 학부모들에게 보여주려는 저의 의욕 과잉 탓이었습니다. 목표 달성을 위해 학생에게 무리한 학습량을 시키고, 못 따라오니 항상 엄하고 무서운 선생님이 되었던 거지요. 무서운 선생님은 아무리 성적이 올라도 함께 공부하는 걸 피하고 싶은 게 학생들이더라고요.

실패를 거울삼아 봅시다.

학생과의 친밀감과 신뢰를 먼저 쌓는 게 우선이고요, 그 사이사이 엄격한 모습을 보여주는 겁니다. 그렇게 미워하려야 미워할 수 없는 선생님으로 캐릭터를 완성해 보세요. 학생이 스스로 생각해도 선생님이 이해되는 미워할 수 없는 악역 말입니다.

학생과 선생님이 서로 끈끈한 마음을 나눌 때, 수업 태도는 놀라울 정도로 바뀌게 됩니다.

이것이 퇴원 제로, 장기 회원을 유지하는 만드는 비법입니다.

잊지 마세요.

부모님으로부터 온 메시지

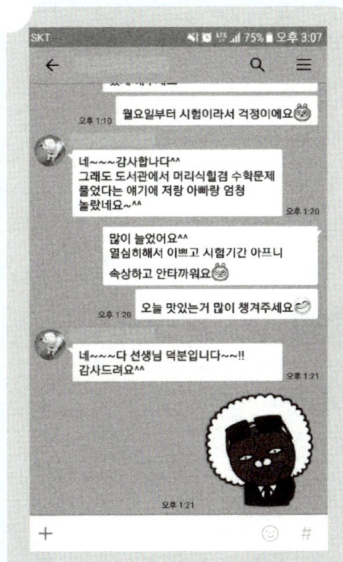
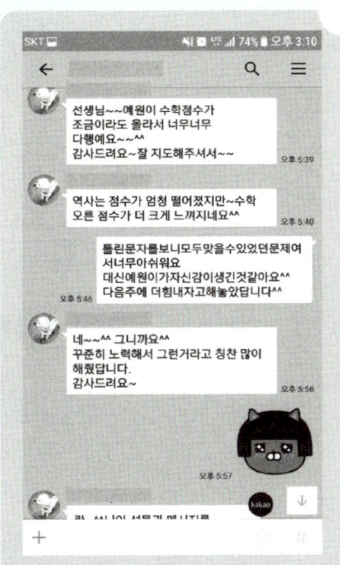

학생과 선생님 간의 두터운 친밀감과 신뢰는 하루아침에 쌓이는 것이 아니다. 많은 노력과 시간이 필요하다. 하지만 그 결과는 선생님의 보람을 두 배 이상 끌어올릴 것이고, 어머님이 느끼는 변화도 감동적일 것이다.

최적의
교재 선택법과
수업 방식

공부방 방학에 앞서 수다 모임을 가져 보세요.

앞서 제가 공부방 선생님들을 위한 온·오프 모임에 대해 이야기했던 것 기억하시죠? 어떤 선생님들은 "제가 제공할 자료가 별로 없어서요." 또는 "공부방 운영하느라 저는 시간이 너무 없어요."라면서 모임을 꺼리기도 합니다.

그럼 공부방 방학에 앞서 수다 모임은 어떤가요?

마음에 맞는 선생님들을 만나 그야말로 떠드는 거죠. 한 학기 수업하면서 쌓였던 스트레스, 분노를 일으켰던 학부모, 악성 소문을 내고 다니는 과거 제자 아닌 제자들, 아니면 그 어떤 사소한 것들이라도 수다를 떠는 거죠. 그렇게 웃고 떠들다 보면 어느새 꼬깃꼬깃 응어리졌던 마음이 풀려있는 걸 느끼게 됩니다. 제가 수다 모임을 권하는 것은 물론 이런 이유 때문만은 아니에요.

지금 제가 진행하고 있는 친목 모임을 한번 엿보세요.
우리 공부방 선생님들은 사실 교육에 누구보다도 진심인 분들이 잖아요? 한참 수다를 떨다 보면 이야기는 당연히 공부방 운영에 대한 고민으로 나아가게 됩니다.
제가 친목 모임을 한 그날도 한 선생님의 질문으로 대화의 주제가 자연스레 형성되었어요. 바로 수업 방향과 교재 선택에 관한 것이었습니다.

선생님A : 아이들 수준이 점점 떨어지고 있는 것 같은데… 저만 그렇게 느끼고 있는 건가요? 수업 진행하기가 매년 더 힘들어지는 것 같아요.

선생님B : 아니요~ 저도 느끼고 있어요. 어려운 것은 싫고 쉬운 것만 배우고 싶어 하고, 학교 단원평가도 어렵지 않게 나오다 보니 응용, 심화를 꼭 풀려야 할지 고민이에요.
(모든 선생님들이 고개를 끄덕이며 심각한 표정으로 이야기에 빠져들었다.)

선생님C : 엄마들이 무엇을 배우는지 다 확인하시고 보시는데 쉬운 것만 풀리면 공부방에 보내려고 하지 않으세요. 아이들은 어려운 문제 푸는 것을 힘들어하고… 저도 고민이에요.

나 : 무조건 어려운 문제를 풀리는 것은 아니고, 필요한 학생들에게는 응용, 심화, 경시까지 풀립니다. 저도 모든 학생들에게 심화 문제를 풀리지는 않아요. 따라오기 힘들어하는 학생은 그 학생에게 맞는 교재를 주고 학습시키지요.

선생님A : 그럼, 수업을 모두 개인별로 해야 하잖아요. 그게 너무 힘들고 현실적으로 어렵더라고요. 선생님은 개인별로 수업 진행하세요? 선생님 그룹 수업 진행하고 있지 않나요?

나 : 개인별 수업을 진행하지 않아요. 시간표상 그룹 수업과 개인 코칭 시간이 나뉘어 있지만, 그룹 수업이 중심이 됩니다. 그래서 공통 교재로 수업을 진행하고 학생별 실력에 맞추어 개인별 맞춤 교재를 정해주고 공부 시킵니다.

선생님D : 저도 개인별로 교재 한 권씩은 다르게 줍니다. 물론 한 반이 6명일 때 모두 다르게 줍니다. 상위권 학생들은 쎈파 수학이나 최상위 수학을 주고 중위권은 유형 문제가 많은 유형 교재 중심으로 줍니다. 하위권은 개념 수준의 교재를 한 권 더 풀리고요.

나 : 저도 그렇게 수업하는 편입니다. 물론 교재 한 권 더 추가하는 것이 부담스러운 학생은 교재를 주기보다는 저는 프린트로 추가 문제를 풀리고요. 그러니까 속도가 빠르지 않아서 교재 두 권을 소화하기 힘든 학생들은 공통 교재(모든 학생이 똑같이 학습하는 교재)만 풀리고 추가 문제는 프린트물로 학습하는 것이지요.

선생님A : 저도 이번에는 그렇게 진행해 보아야겠어요. 교재는 끝내야 하고 그러다 보니 오답이 많이 나와서 힘들었거든요. 이번 2학기는 교재 두 권으로 하지 말고 공통 교재 한 권과 프린트물로 병행해야겠어요.

선생님C : 프린트물 어떻게 만들어요? 저는 만드는 것을 잘 못해서요. 문제를 직접 만드시는 건가요? 아니면 문제 은행 사이트를 이용하시나요?

선생님D : 문제 은행 사이트를 활용하셔도 좋고, 다른 교재에서 단원평가 부분만 복사해서 풀리셔도 됩니다. 교사용 부록에 있는 평가지를 활용하는 것도 하나의 방법입니다. 요즘은 출판사마다 교사용 자료를 잘 만들어서 공유하는 부분이 있으니 출판사 홈페이지를 확인해 보시면 좋아요.

선생님A : 저도 이번에는 그렇게 해봐야겠어요. 고민거리 하나 덜었네요. 근데 중학생들도 한 권만 풀리고 프린트물로 병행하시나요?

나 : 아니오. 중학생들은 한 학기 동안 기본 3~4권은 풀립니다. 다양한 유형을 많이 접해 보는 것이 중요하고, 학교별로 시험 난이도가 다르니 선생님 지역에 있는 중학교별 시험 유형과 난이도를 파악하시는 게 좋아요. 난이도에 따라서 어떤 유형의 교재를 풀리는 것이 좋은지 결정하는 데 도움이 되거든요. 족보 닷컴에서 지난해 기출 문제를 다운 받으셔서 분석해 보시면 좋아요. 지금이 2024년이니

까 2022~2023년 기출문제를 살펴보시는 게 좋습니다. 아~ 물론 교과서 변형 문제 풀리시는 건 기본입니다. 교과서는 2~3개 출판서 변형 문제로 준비하시는 게 가장 좋습니다.

선생님D : 요즘은 학교 홈페이지에 예전 기출문제 무료로 올려놓은 곳도 있으니 아이디 있으시면 학교 홈페이지에서 다운 받으셔도 됩니다.

선생님C : 그렇군요. 저도 학교별로 분석해 봐야겠어요. 저는 주위에 중학교가 4개인데, 할 일이 많겠네요.

나 : 전 매년 아이들이 시험을 보면 시험지를 가지고 오라고 해서 복사해서 학교별로 기출문제 가지고 있어요. 계속 누적되는 거지요. 은근히 뿌듯하답니다.

교재 선택은 항상 어렵지요.

전국에서 가장 많이 팔리는 교재가 가장 좋을까요?

꼭 그렇지만도 않은 것이 수학 공부방 교재입니다. 흔히 남들이 좋다는 교재 따라 써 보았는데 정작 우리 공부방에는 그다지 효과가 없거나, 학교마다 지역마다 시험의 수준과 학부모들의 요구사항이 달라서 맞지 않는 경우가 많습니다. 이래서 교재 선택이 어렵다, 어렵다 하는 거겠지요.

수학 공부방에서 가장 좋은 교재를 말씀드릴게요.

내 지역과 내 학생에게 맞는 교재가 가장 좋은 교재입니다.

당연한 이야기라고요?

그렇다면 선생님은 지금 내 지역의 학교 분석과 학생의 수준, 학부모님들의 성향을 파악하는 데 많은 시간과 노력을 투자하고 계신가요?

그 노력의 결과가 바로 내 공부방 최적의 교재를 고를 수 있는 안목을 얻게 되는 것입니다. 내 지역과 내 학생에게 맞는 교재, 이 최적의 교재 선택만으로도 최고의 수학 공부방을 만들 수 있다고, 저는 지금도 믿고 있습니다.

하위권 학생이
억대 공부방의
일등공신?

수학을 가르치는 데 학력과 전공이 중요한가요?

지금도 많은 선생님들이 제게 물어옵니다.

"좋은 대학을 나오지도 않았고, 수학을 전공한 게 아닌데 수학 공부방을 해도 성공할 수 있을까요?"

저는 늘 이렇게 답변합니다.

"학력과 전공은 중요하지 않습니다."

"그런데, 그런 것들을 물어보는 학부모님들이 계셔서요, 저는 가르치는 일을 좋아하고, 열심히 잘할 자신도 있는데 말이죠."

저는 다시 한번 강조합니다.

"명강사가 되시면 됩니다."

요즘은 특히나 수학이 중요한 과목이 되었지요. 수학 과목만으로 대학의 순위가 바뀐다고들 하니까요. 그런 불안감 때문에 수학 전공자, 고학력의 선생님을 찾는 일부 학부모님들의 마음을 모르는 것은 아닙니다. 하지만 수학을 '잘하는 것'과 '잘 가르치는 것'은 분명 다른 일입니다.

우리 선생님들 용기를 잃지 마세요.

명강사로 소문이 나면, 어떤 방법을 쓰든 간에 찾아오는 것이 대한민국 학부모님들입니다. 학력, 전공, 경력은 상관없이 대기에 이름부터 올립니다. 그만큼 자식 사랑과 교육에 열정적이지요.

그럼 어떻게 수학 명강사가 될 수 있을까요?

이제 그 이야기를 시작해 보도록 하겠습니다. 저도 수학 공부방을 처음 시작할 무렵, 말 못 할 고민이 하나 있었어요. 제 공부방에 정말 하위권 학생들만 들어오는 겁니다.

'왜 나한테는 상위권 학생이 안 들어오지? 어떻게 해야지 상위권 학생들이 들어올까? 상위권 학생이 들어와야 좋은 공부방이라고 소문이 날 텐데….'라고 매일 속을 끓였죠.

결론부터 말하자면 처음부터 상위권 학생을 만나려는 생각을 버려야 합니다.

들어온 하위권, 중위권 학생들을 내 공부방에서 상위권으로 만들어 내야 합니다. 어떻게 하면 쉽게 이해시킬 수 있을까 고민하고, 티칭 연습하고, 나아가 자신만의 스킬을 만들어내야 합니다. 선생님 스스로 외부의 시선, 스펙의 굴레에서 벗어나 교육자로서 열정을 가져야 합니다. 내가 가르치는 아이들을 사랑해야 합니다. 그 과정이 선생님을 명강사로 변신시켜 주는 길입니다.

하위권이 들어온다면 기뻐하세요. 두 팔 벌려 반갑게 맞이하세요. 선생님을 이제 명강사로 만들어주고, 소문도 내줄 아주 소중한 친구들입니다.

제 경험담을 하나 들려드릴게요.

얼마 전 여름방학 때, 한 여학생을 새롭게 만났습니다. 예전부터 이 여학생의 오빠를 가르치고 있었는데, 어머님이 만족하셨는지 동생도 보내주신 거죠. 입학 상담을 할 때 어머님은 특히나 걱정이 많으셨어요.

"수학을 너무 힘들어해요. 얘가 싫어해서 5학년인데 한 번도 학습지를 시키거나 학원을 보낸 적이 없어요. 계속 단원평가를 50점 정도만 맞아왔는데 이번에는 30점을 받았어요. 그랬더니 친구들이 엄청나게 놀려대고 그래서 속이 많이 상했나 봐요. 수학 학원 보내 달라고 먼저 말을 꺼내더라구요. 선생님. 우선은 성적보다는 자신감 좀 가지게 해주세요. 잘하는 애가 아니라서 선생님이 많이 힘드시겠지만 잘 좀 부탁드립니다."

아이가 말도 못 하고 얼마나 상처받았을지, 얘기 듣는 내내 저는 마음이 참 아팠습니다.

그렇게 만나게 된 5학년 윤서(가명임)는 목소리도 작고 조용한 성격이었지만, 웃는 모습은 아주 귀여운 학생이었어요. 그런데 윤서의 문제는, 주어진 문제를 풀면서 자주 저를 쳐다보며 눈치를 보는 거였어요. 답이 틀릴까 봐 미리 걱정하는 것이었죠. 게다가 연산도 느렸어요.

문제를 많이 접해보지 않았기 때문에 문장제 문제를 풀 때도 힘들어했어요. 심지어는 분수의 분자와 분모도 헷갈려 했죠.

【 윤서가 3단원 분수의 나눗셈을 공부하면서 틀렸던 문제 중 하나 】

> 똑같은 동화책 6권의 무게는 $5\frac{1}{3}$kg입니다. 같은 동화책 10권의 무게는 몇 kg입니까?

나 : 음… 윤서야. 보자. 지금 동화책이 총 몇 권이 있지?

윤서 : 10권이요??

나 : 아니. 구하는 동화책의 권수가 아니고, 지금 알려준 무게는 총 몇 권의 동화책의 무게이지?

윤서 : 6권??

(윤서가 답을 말하는 순간 '동화책 6권의 무게는 $5\frac{1}{3}$kg'에 빨간색 펜으로 밑줄을 쳐준다.)

나 : 그렇지. 그럼 동화책 한 권의 무게는 몇 kg일까? 식으로 한번 써볼까?

윤서 : (식을 쓰는데 6÷5를 쓴다.)

나 : 윤서야. 봐봐. 지금 공부방에 무게가 똑같은 의자 4개가 있어. 의자의 총 무게가 12kg 일 때, 의자 한 개의 무게는 얼마일까? (종이에 의자 4개의 동그라미를 그리고 밑에 12kg 무게를 써준다.)

윤서 : 3???

나 : 그렇지. 윤서 어떻게 푼 거지?

윤서 : 12÷4요.

나 : 너무 잘했다. 총 의자의 무게에서 의자의 개수를 나누는 거지~ 그럼 이 문제도 풀어 볼까?

윤서 : ($5\frac{1}{3}$÷6을 쓴다. 그리고 나를 쳐다본다.)

나 : 잘했어~ 그럼 동화책 한 권의 무게는?

윤서 : $\frac{8}{9}$kg이요.

나 : 굿굿!!! 그럼 윤서야 동화책 1권의 무게를 알았어. 그럼 10권의 무게

는??

윤서 : ($\frac{8}{9}$÷10을 쓰고 나를 본다.)

나 : (아마 분수의 나눗셈 단원이라 무조건 나눈다고 생각한 듯하다.) 윤서가 왜 그렇게 생각했을까?? 윤서야 아까 의자 1개의 무게가 3kg이었지. 그럼 그런 의자가 지금 여기 6개가 있어. 3, 3, 3, 3, 3, 3 이렇게 6개가 있으면 의자의 총무게는?

윤서 : 18kg이요.

나 : 그렇지. 그럼 윤서야 똑같은 문제야. 지금 동화책 한 권의 무게를 알았지. 한 권의 무게가 kg인데 그런 게 10권 있으니까?? 식 다시 세워볼까?

윤서 : ($\frac{8}{9}$×10을 쓰고 나를 본다.)

나 : 너무 잘했다. 이제 계산해 보자.

저는 이런 방법으로 윤서가 문장을 읽고 스스로 생각할 수 있는 힘을 길러주고자 노력했습니다. 난이도가 쉬운 문제부터 조금씩 단계를 높여가면서 문제를 접하게 했죠. 그래서 윤서는 크게 힘들이지 않고 꾸준히 잘 따라와 주었고, 그 결과 지금은 난이도 상인 문제도 스스로 생각하고 식을 세우려고 노력합니다. 그리고 추석 연휴가 지난 후 학교에서 단원평가를 봤는데 100점을 맞았다고, 그 조용하던 성격의 아이가 큰소리로 자랑까지 했답니다.

저는 이때를 놓치지 않고, 과하게 놀라는 표정을 지으며 물개박수를 마구 쳐주었죠. 오버액션은 아이들에게 꽤나 잘 통한답니다. 윤서는 이제 수학이 재미있다고 이야기합니다. 이 재미가 자신감으로 그리고 수학이 가장 자신 있는 과목이 될 때까지 저와 윤서는 많은 시간을 함께 노력해 갈 거예요.

'수학은 정확히 알고 푸는 것이 중요하다.'
저는 이 말을 즐겨 합니다.
학생들에게 무조건 떠먹여 주는 수업을 진행하지 않습니다.

잊지 마세요.
수학 문제를 푸는 것은 선생님이 아니고 학생입니다. 학생이 스스로 생각할 수 있게 도와주세요. 처음에는 하위권 학생들을 가르칠 때 답답하고 힘들겠지만, 스스로 물가를 찾아 물을 마실 수 있도록 학생들을 이끌어 가보세요.
어느덧 선생님은 명강사로, 선생님의 수학 공부방은 최고의 공부방으로 유명해져 있을 거예요.

윤서의 수학문제 풀이

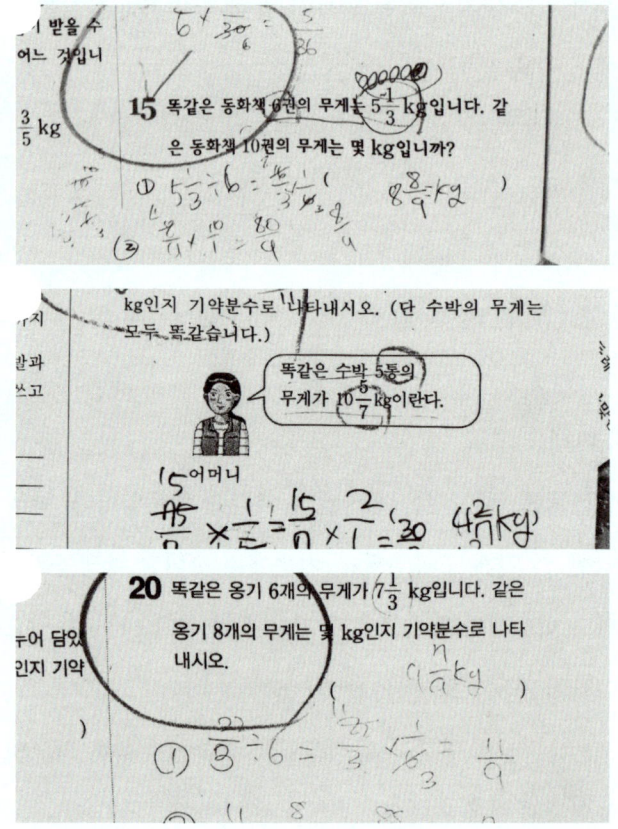

나는 윤서가 문장을 읽고 스스로 생각할 수 있는 힘을 길러주고자 노력했다. 난이도가 쉬운 문제부터 조금씩 단계를 높여가면서 문제를 접했기 때문에 윤서는 크게 힘들어하는 모습을 보이지 않고 꾸준히 잘 따라왔다.

수학의 재미를

맛보게

하라!

수학은 암기 과목이 아니라요?.

사고력 수학이 하도 강조되다 보니 수학은 암기가 필요 없는 것으로 생각하는 학부모님이나 학생들이 있습니다.

수학은 암기과목은 아니지만, 암기의 과정이 반드시 필요한 과목입니다. 그럼 어떻게 학생들에게 수학을 암기시킬 수 있을까요?

초창기 제 공부방에서 종종 일어났던 일들입니다.

저는 학기 중에는 배웠던 개념을 중심으로 다양한 유형 문제를 풀게 했어요. 유형 문제들에는 난이도 상, 중, 하가 섞여 있고, 그중에는 응용, 발전, 심화 유형도 있지요. 대부분의 학생들은 문제 위에 적혀있는 상, 발전, 심화라는 글자만 봐도 일단 어렵다, 모른다, 손사래부터 칩니다. 어떤 문제는 읽지도 않고 말이죠. 때로는 정말 어려운 고난이도 문제들도 있어서 아이들 탓만 할 수는 없지요.

저는 이럴 때 최대한 학생이 생각할 수 있게 기회를 줍니다. 1단계, 2단계, 3단계마다 풀이 힌트를 주면서 설명을 해나갑니다. 이런 식으로 오답유형들을 함께 해결해 나갔지요. 그리고 난 후 어떤 일이 벌어졌을까요?

2~3일이 지난 후 다른 교재에서 비슷한 유형의 문제들이 나오면 학생들은 또 모르겠다고 합니다. 제가 "이거 전에 했던 거야. 잘 생각해 봐." 라고, 아무리 얘기해도 "음… 진짜 생각이 안 나요." 라는 대답만 돌아옵니다. 이쯤 되면 제 심장이 벌렁거리죠. 한숨을 크게 쉬면서 "다시 보자."라는 말을 반복하며 또 한 번 문제를 해결해 갑니다.

그런데 문제를 다 풀고 나면 꼭 학생들은 "아~ 했던 거 같아요. 이제 생각이 나요."라고 이제서야 얘기합니다. 제 눈에서는 이미 레이저가 나가고 있습니다.

저는 정말 궁금하고 답답했어요.

왜 공부했던 부분인데 학생들은 기억을 잘 못하는 걸까?

이유는 듣기만 해서라는 것을 깨달았습니다. 또는 듣고 풀기만 했기 때문에 학생들 머리에 장기 기억으로 남지 않는 것이죠.

선생님들은 왜 잘할까요? 매년 반복해서 수업하고, 수많은 학생에게 설명하면서 그 문제를 풀어 왔기 때문에, 잘 그리고 오랫동안 기억하는 것입니다.

그런 차이를 깨닫고 난 후, 저는 새로운 수업 방법을 도입했어요.
학생들에게 직접 설명할 수 있는 시간, 즉 학생이 강의(설명) 하기를 시작한 겁니다.
방식은 이렇습니다.
한 학생이 질문을 하면 제가 설명을 해줍니다. 그리고 다른 학생이 같은 문제를 질문하면 처음 질문했던 학생이 그 학생에게 설명을 해주는 식이죠. 물론 설명이 미흡할 수 있기 때문에 제가 지켜보는 곳에서 설명을 시킵니다. 처음 학생은 설명을 하면서 그 문제를 다시 복습하는 것뿐 아니라, 머릿속에 개념을 정리하게 됩니다. 전 설명이 미흡한 부분에서만 조금 도움을 줄 뿐이죠.

상위권 학생들에게만 적용할 수 있는 게 아니냐고요?
아닙니다. 오히려 하위권 학생에게 큰 도움이 됩니다. 생각해 보세요. 하위권 학생들은 다른 친구들에게 설명을 해주는 일이 거의 없습니다. 질문도 잘 하지 않지요. 그런데 설명하라고 시키니 처음에는 당연히 당황하고 어색해하죠. 하지만 하위권 학생일수록, 자신이 설명한 것을 친구들이 이해하는 모습을 보게 되면 그 성취감은 하늘을

찌릅니다.

이게 수학의 재미죠. 문제를 풀기 위해 생각한 후 답을 딱 맞췄을 때만 성취감을 느끼는 게 아닙니다. 다른 친구들에게 설명을 하면서 이른바 증명하는 과정도 수학의 재미 중 하나입니다.

바로 이 재미를 느끼게 해주는 것입니다. 재미를 느끼면 하위권 학생도 자신감이 생기고, 심화 문제도 도전하게 됩니다.

학생이 강의하기.

이것이 제 수학 공부방 성공의 비결 중 하나입니다.

【 이 학습 방법을 처음 도입할 때 학생들의 반응 】

(하위권 학생이 질문을 해서 설명을 해주고 난 후 다른 학생이 같은 문제를 질문한다.)

나 : 자, 이제 동진이가 지우에게 설명해 보자.

동진 : 저요? 못해요.

나 : 할 수 있어. 샘이 옆에서 지켜보면서 도와줄 거야. 자 해봐.

동진 : … (지우 문제집을 본다. 그리고 설명을 시작한다.) 어디를 모르겠는데?

지우 : 이 문제.

동진 : 이게 외심이잖아. 그러니까 이 길이가 같잖아.

　나 : 동진아. 외심이라고 가르쳐 주기보다는 이게 무엇인지 물어봐야지. 샘이 아까 너에게 어떻게 질문했지?

동진 : 하… 네… 이게 뭐지?

지우 : 외심.

　나 : 왜 외심인데?

지우 : 쟤가 외심이라고 했어요.

동진 : … (나를 본다.) 아니. 봐봐 우선 외심의 성질을 말해봐.

지우 : 외심은 각 꼭짓점까지의 거리가 같고, 각을 이등분….

동진 : 샘~ 얘 외심 성질 몰라요.

　나 : 초딩이냐? 외심 성질 모른다고 고자질할 게 아니고 어느 부분 틀렸는지 설명해 줘야지.

지우 : (동진이를 째려보면서) 아니에요. 착각한 거예요. 변을 수직 이등분한 선이 외심에서 만나요.

동진 : 그렇지. 그럼 이게 직각 삼각형이니까. 외심이 어디에 있지?

지우 : 빗변의 중점.

동진 : 그럼 길이가 같은 변을 표시해 봐.

　　(이런 식으로 문제를 해결해 갈 수 있도록 도움을 준다.)

강의(설명) 하는 과정에서 복습이 되고, 개념도 다시 정리되지요. 그래서 설명을 할 때는 정확하게 이야기해 보라고 저는 항상 강조합니다.

나중에는 학교에서도 다른 친구들에게 설명해 주었다고 이야기하는 기특한 학생들이 점점 많아집니다. 공부방에 신나서 들어오는 아이들이 많아집니다. 당장 성적을 올려주는 것보다, 수학의 재미를 가르쳐주는 것이 훨씬 중요하다고 저는 생각합니다.

이 글을 읽는 선생님들도 바로 오늘부터 이 수업 방법을 적용해 보시기를 바랍니다.

새 교육 트렌드, 내 지역에 맞춘 수업과 운영법

"초등학교 때는 수학을 잘했는데 중학교에 가니까 갑자기 성적이 떨어졌어요."

중학생 학부모님께 가장 많이 듣는 이야기 중 하나입니다.

"지금 초등학교 6학년들이 중학교에 올라가면 걱정이에요. 잘 따라오지 못할 학생들이 좀 보여요."

이번엔 공부방 선생님이 가장 많이 상담하는 이야기입니다.

학부모님이나 선생님이나 아이가 수학을 '어렵다' '재미없다' '무섭다'로 생각할까 봐, 이른바 수포자가 될까 봐 걱정이 큽니다.

왜 매년 이런 걱정이 끊이지 않고 나오는 걸까요?

이런 걱정을 하지 않으려고, 많은 학부모님은 초등학교, 아니 유치원 때부터 학습지를 시키고, 실력 있다는 공부방이나 학원을 보냅니다. 선생님들도 열과 성을 다해 가르치고, 많은 양의 숙제도 꼼꼼히 체크해 줍니다. 그런데도 이른바 '수포자'는 점점 더 생겨납니다.

한번 생각해 봅니다.

우리 공부방은 혹시 너무 '성적, 성적'만을 강조하면서 학습량에만 집중한 것은 아닐까? 학습 시간을 늘릴수록 수학 실력도 향상된다고 확신했던 것은 아닐까? 섣부른 암기와 강의 듣기 그리고 답 찾기가 최선의 방법이라고 단정 지은 것은 아닐까?

저는 이런 의문에 대해 신중하게 고민해 봐야 한다고 생각합니다. 그리고 초중고 교육과정을 고려해 좀 더 긴 관점으로 접근할 문제라고 생각합니다.

초등학생을 가르치는 선생님들은 최소 중학교 과정까지는 잘 알고 있어야 합니다. 중학생을 가르치는 선생님들은 중학교 과정뿐만이 아니라 고등학교 과정까지도 잘 알고 있어야 합니다.

그래야 초등학교, 중학교 때 어느 부분을 더 중요하게 잡아주어야 하는지, 어느 정도 학습량으로 연습시켜 주어야 중학교에 그리고 고등학교에 올라갔을 때 잘 적응할 수 있는지, 체계적인 계획을 세울 수 있지요.

수학은 벼락치기 과목이 아닙니다.

수학은 학생이 스스로, 주로 복습을 통해 교과서의 개념과 원리를 이해하고, 익힘책을 통해 문제를 해석하고 해결책을 찾아가는 과정을 익히는 과목입니다. 그래서 하루아침에 잘할 수 있는 과목이 아니지요. 초등학교 때부터 꾸준히 정석대로 공부하고 준비해 나가야만 고등학생이 되었을 때 만족할 만한 결과를 낼 수 있습니다.

가끔은 학생도 선생님도 학부모도 이런 수학이라는 과목의 기본을 잊을 때가 있는 것 같습니다.

그래서 저는 잊지 않고 학부모님께 늘 이런 수학의 특성을 말씀드리고, 숙제를 할 때 부모님의 협조를 요청합니다.

무의미하게 책상 앞에 오래 앉아 있다고 해서 좋은 결과가 나오는 건 아니지요. 2페이지를 풀더라도 4페이지를 푼 것과 같은 효과가 나올 수 있도록, 3페이지를 풀던 학생이 같은 시간에 6페이지를 푸는 힘이 생길 수 있는 방법은 무엇일까요?

지금부터 이제 그 이야기를 좀 해보려고 합니다.

학교 시험 없는
학생들과 학부모
관리법

　예전에는 초등학생들도 매 학기 중간고사, 기말고사를 치러야 했던 것 기억하시지요?

　지금은 일부 지방의 초등학교를 제외하고는 중간고사, 기말고사가 없습니다. 그렇다 보니 많은 선생님들이 고민이 더 커졌어요.
　지역적으로 차이는 있지만, 시험이 없다 보니 학부모님들이 공부를 늦은 시기에 시작하거나 아이가 조금이라도 힘들어하면 좀 쉬겠다고 여유를 갖는 것이죠. 아이들도 공부의 필요성을 크게 느끼지 못하고 있습니다.

　초등 저학년 때는 공부를 하지 않다가 고학년이 되어서야 공부를 시작하면, 저학년부터 꾸준히 공부를 해온 학생과 실력 차이가 크게

나게 됩니다. 더 심각한 경우는 중학생들이죠.

중학교 1학년은 자유학기제로 학교 시험이 없다 보니, 느긋하게 중학교 1학년까지는 혼자서 공부하다가 2학년이 되어서야 공부방이나 학원을 찾아옵니다. 당연히 기초가 아주 부족한 상태겠지요. 하지만 학부모님들은 공부방이나 학원에만 다니기만 하면 바로 성적이 오를 것이라고 기대합니다. 이런 학생과 학부모님을 만나게 되면 선생님의 고민은 정말 깊어질 수밖에 없습니다.

어떻게 학부모님과 상담하고, 어떻게 학생들을 관리해야 할까요?

작년에 소개로 초등 4학년에 올라가는 지수(가명)의 어머님이 찾아오셨습니다. 지금까지는 지수가 수학을 좋아하지 않아서 공부를 시키지 않았지만, 4학년에 올라가게 되니 수학 공부를 시작해야겠다고 말이죠. 주변에서 다들 초등 4학년부터는 수학이 어려워진다고 하더라, 그러니 잘 부탁드린다는 말씀도 빼놓지 않으셨지요.

지수와 함께 공부를 시작해 보니, 우려했던 대로였습니다.

연산도 느리고, 두 자리 덧셈, 뺄셈도 오답이 많고, 게다가 문장제 문제는 문제의 뜻도 전혀 이해하지 못하는 상태였습니다. 당연히 지수가 하루에 학습할 수 있는 분량은 다른 학생의 절반에도 못 미쳤어요. 60분 동안 2페이지 푸는 것도 너무 힘들어할 정도였어요.

남겨서 공부를 더 시키려고 하니, 어머님의 반대에 부딪혔죠. 아이가 힘들어한다면 오래 시키고 싶지 않다는 게 이유였죠.

아마 "이거 내 경험담 아냐?" 하면서 이구동성으로 외치는 공부방 선생님이 많으실 거예요. 학습 결과를 내야 하는데 어머님과 학생은 전혀 협조를 하지 않는 상황 말이죠. 그야말로 진퇴양난입니다.

저는 방법을 찾았습니다.

지수 어머님과 일주일에 한 번씩 상담을 하기 시작했습니다. 전화상담뿐만 아니라, 일주일에 한 번씩 지수의 학습 교재를 사진으로 찍어 보내드렸죠.

현재 지수의 상황을 어머님이 정확하게 이해하도록 만드는 것이 상담의 목표였습니다. 수시로 카톡 상담, 주기적으로 학습 리포트 보내기, 월 1회 정도 전화 상담을 계속 진행해 나갔죠.

【 초기 상담 내용 】

나 : 안녕하세요. 어머님. 통화 가능하세요?
어머님 : 네~ 말씀하세요.
나 : 어제 보내드린 지수 학습 사진 모두 보셨나요?? (카톡으로 사진 전송)
어머님 : 네~ 지수가 많이 틀렸네요.

나 : 네~ 지수가 연산 부분도 아직 오답이 많이 나오고, 식을 쓰는 습관도 이제 잡는 중이라 교재를 푸는 데 시간도 많이 걸리는 편입니다.

어머님 : 지수도 아직 수학이 어렵다고 하더라고요. 그래도 많이 신경 써주세요. 언제 4학년 거 끝내고 선행에 들어갈지…

나 : 어머님. 지수는 선행이 힘듭니다. 현재 지수는 본인 학년의 개념 학습 부분도 어려워하는데요. 본인 학년의 심화 문제까지 잘 되는 학생이 선행을 했을 때 도움이 되지, 그 외에는 본인 학년의 응용-심화까지 충실히 학습하는 것이 더 좋습니다.

어머님 : 네… 선생님을 믿고 있어요. 하지만 주위에서 선행을 한다는 소리를 들으니까, 마음이 조급해지네요.

나 : 지수는 수학 학습을 시작한 지 얼마 되지 않았는데 자꾸 학습량을 무리하게 늘리거나 너무 어려운 문제 중심으로 가면 수학을 힘들어 하는 것보다 수학 자체를 싫어하게 될 수도 있습니다. 지수는 시간을 가지고 천천히 진행을 해야 자신감도 생기고, 재미도 붙일 수가 있어요. 그래야 학습 속도도 늘고, 학습량도 자연스럽게 늘어난답니다.

어머님 : 네~ 알겠습니다. 항상 감사드려요.

나 : 네~ 믿고 맡겨 주신 만큼 꼼꼼히 지도해 나가겠습니다.

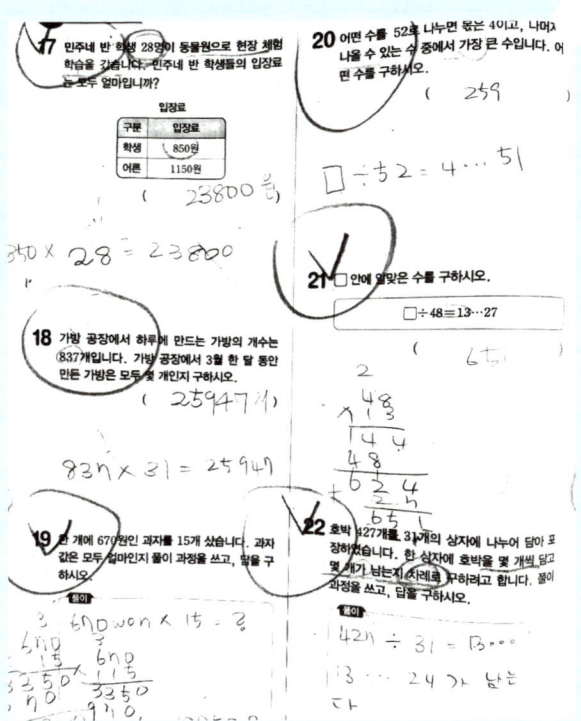

나는 지수 어머님과 일주일에 한 번씩 상담하기 시작했다. 물론 전화 상담만을 진행한 것은 아니다. 일주일에 한 번씩 지수의 학습 교재를 사진으로 찍어 어머님과 공유하면서 현재 지수의 상황을 어머님이 정확하게 이해하도록 상담을 진행했다.

【 현재 상담 내용 】

나 : 안녕하세요. 어머님. 저번 주 금요일이 평가일이라서 지수 평가 사진 보내드린 것 보셨지요?

어머님 : 네~ 지수가 문제 푸는 것이 정말 좋아졌더라고요.

나 : 네. 이제는 공식 활용도 잘하고 문제를 꼼꼼히 읽고 식을 세우는 힘이 많이 생겼어요. 지난번 단원평가 아쉽게 한 개 틀렸다고 속상해하더라고요.

어머님 : 예전에는 시험 본다고 하면 배 아프다고 하고, 걱정된다고 잠도 잘 못 자고 했는데 지금은 그런 게 없어졌어요.

나 : 이제 자신감이 생겨서 그럴 거예요. 다만 아직도 난이도가 높은 유형의 문제는 어려워합니다. 지수는 응용력이 약해서 같은 유형의 문제를 많이 반복도 해야 하고요.

어머님 : 네~ 선생님께서 알아서 잘해주시니 걱정하지 않아요. 감사해요. 지수가 수학에 재미를 붙인 것 같아서 마음이 놓여요.

나 : 네~ 이제 조금씩 조금씩 난이도 있는 유형의 문제들을 다양하게 풀면서 영역을 확장해 나가야지요. 지수가 중간에 힘들어하는 것이 보이면 그때그때 상담 드릴게요.

어머님 : 네~ 감사합니다.

지수의 수학문제 풀이 - 현재

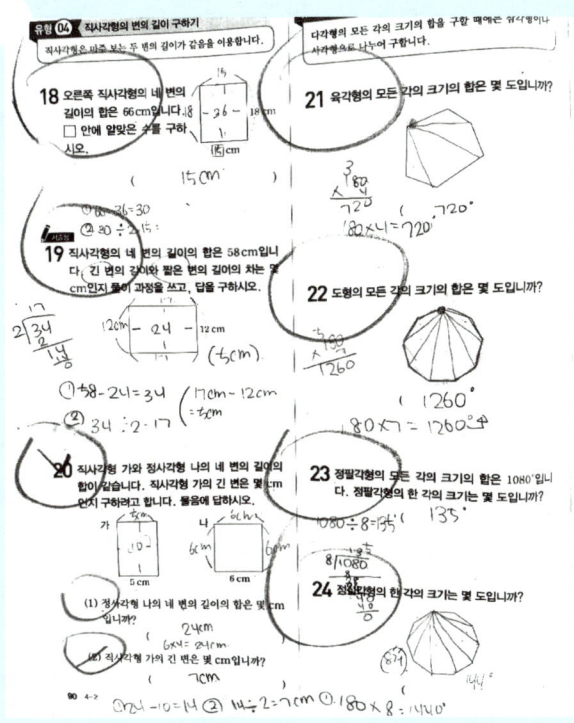

지수가 좋아지는 모습이 보이고, 학습 태도가 달라지는 것을 어머님이 느끼고부터는 불안감이 없어졌다. 말로만 하는 상담보다는 변화된 모습을 보여드리면서 상담을 진행해 나가는 것이 좋다.

지수의 학습 태도가 좋아지는 모습이 보이자, 어머님의 불안감이 사라지고 지금은 저를 믿고 적극 협조해 주시고 계십니다.

초등학교 시험이 없어진 지금. 지수 어머님 같은 학부모님을 마주할 상황이 많아지고 있습니다. 최선의 방법은 진솔한 상담을 시작하는 것입니다. 남들과 똑같이 시작하지 않았는데, 똑같은 결과를 바라는 학부모님의 요구를 모두 맞출 수는 없다는 것을, 선생님의 소신과 입장을 확실하게 전하는 게 중요합니다.

대면상담이든, 전화상담이든 크게 상관없습니다. 선생님의 성향에 맞춰 선택하세요. 그러나 상담을 진행할 때는 대화만 나누는 것보다는 반드시 객관적인 자료를 공유하는 게 중요합니다. 그렇게 학부모님도 설득하고, 아이의 변화도 유도하세요.

조급하게 올려놓은 실력은 쉽게 허물어지고 빠르게 흥미를 잃게 된다는 것. 꾸준한 연습으로 심화까지 다져가야 수학의 재미를 느끼는 상위권이 된다는 것.

이 기본 원칙을 전하는 것이 바로 상담입니다.

내 공부방 차별화!
교육소식 공지,
공부방 자체 시험

　중학교 1학년은 자유학기제로 1학기나 2학기 중 한 번만 시험을 봅니다.

　예전에는 초등학교 6학년 2학기에 중등 학습 상담 문의가 많았지만, 지금은 드물지요. 앞서도 이야기했지만, 중학교 1학년이 자유학기제이다 보니 중학교 1학년까지는 여유 있게 지켜보아도 괜찮겠다고 판단하는 학부모님들이 많아진 탓입니다.
　또한 요즘은 중학교의 진로 체험 프로그램도 잘되어 있습니다. 방과후 수업 프로그램도 다양하고 알차졌지요. 학생이나 학부모님들의 만족도가 높아지니, 중1 때는 학교생활에 충실하자는 분위기가 형성되고 있습니다.
　그런데 한편에서는 중학교 1학년 시기를 선행의 적기로 생각하고, 오히려 심화와 선행 수업에 집중하기도 합니다.

사교육 양극화 현상이 뚜렷하게 나타나는 것이지요.

저는 중학교 1학년부터 무조건 선행하는 게 정답이라고 생각하지 않습니다. 하지만 또 반대로 그 시기를 온전히 휴식기로 여기는 것도 대단히 위험하다고 생각해요. 사교육을 천천히 시작한다면 누가 힘들어질까요? 당연히 학생 자신이 힘들어집니다.

공부하는 습관이 형성되어 있지 않고, 소화할 수 있는 학습량도 많지 않은데, 갑자기 학년이 올라가고, 시험을 보는 시기가 됐다고 해서, 많이 늘어난 학습량을 제대로 해낼 수 있을까요? 적응부터 힘들어집니다.

그런 학생을 이끌어야 하는 우리 공부방 선생님들은 어떨까요? 사실, 학생의 몇 배 이상의 힘이 듭니다.

"실력이 되지 않는 학생은 안 받으면 되지요~"라고 하시는 공부방 선생님들도 더러 보았지만, 솔직히 현실성이 없는 이야기가 아닐까 생각합니다. 선생님 마음에 쏙 드는 학생들만 실제로 찾아오는 경우가 얼마나 될까요? 정성을 들여 6학년까지 키운 학생들이 중학교 1학년이 되었다고, 쉽겠다고 줄줄이 퇴원한다면, 어떻게 공부방 운영을 할 수 있을까요? 실제로는 받기 싫은 수준의 학생도 받아들여 잘

하도록 만드는 것이 우리 공부방 선생님들이 해야 할 일이라고, 저는 그렇게 믿고 있습니다.

그렇다면 이런 난감한 상황에 대처하기 위해, 우리 공부방 선생님들이 준비해야 하는 것은 무엇일지 이야기해 보겠습니다.

첫 번째는 '교육 소식 자료'를 준비하세요.

어머님들은 대체로 본인 자녀의 학교에 대한 정보만을 가지고 있습니다. 다른 지역 학교에 대한 정보가 없고, 그 지역 공부방과 학원들이 어떻게 학습을 진행하고 있는지도 잘 모릅니다. 사실 경쟁은 내 아이 학교가 아니라, 전국에 있는 학교의 학생들과 하는 것이잖아요. 그렇기 때문에 공부방 선생님들은 다양한 교육소식 자료를 만들고, 이것을 학부모님과 공유하세요. 학부모님이 현재 전국의 교육 상황이 어떤지 실감하도록 만드는 것이 필요합니다.

저는 특히 초등 6학년~중등 3학년 어머님들께는 수학을 중심으로 중학교와 고등학교 교육 소식을 간단하게 정리해서 매월 1~2회 정도 보내드립니다. 편하게 교육정보를 공유할 수 있도록 주로 카톡을 이용합니다.

그렇게 자꾸 어머님들께 자극을 드려야만, 물정 모르고 느긋한 말씀을 하지 않는답니다.

물론 요즘에는 간혹 선생님들의 카톡도 거북해하는 학부모님들도 계시더라구요. 그래서 저는 한 학기 한 번 정도는 대면 상담을 진행해 보시라 권하고 싶습니다. 현재 학생이 어느 정도 수준으로 학습하고 있고, 어떤 교재를 사용하는지, 부족한 부분은 선생님이 어떻게 잡아가고 있는지, 학부모님께 알려드려야 합니다. 또한 내년에는 학생에게 무엇이 더 필요한지, 어떻게 학습을 진행할 계획인지를 전달하세요. 저는 대면상담으로 자연스럽게, 하지만 확신에 찬 태도로 학부모님께 저의 계획과 의견을 전하고 있습니다. 이런 대면상담은 사실상 가장 큰 효과를 발휘합니다. 이것은 전화상담이나 텍스트로 전할 수 없는 신뢰감을 형성하는 계기가 되기 때문이죠.

두 번째는 수학 공부방 자체 시험을 실시하는 것입니다.

공부방에서 시험을 실시한다고 해서, 공부방 선생님들이 번거롭게 받아들이거나, 시험문제 출제 때문에 미리 어렵게 생각해서 위축되실 필요는 없습니다.

저는 강남이나 목동처럼 서울에서 교육열이 높은 곳, 또는 이른바 학군지 학교들의 기출문제를 활용합니다. 이 기출문제들을 편집해 학교의 중간고사, 기말고사처럼, 공부방 자체 시험을 실시합니다. 문제 은행으로 족보 닷컴이나 성공운을 활용합니다. 교육특구 학교의 기출문제들은 제 공부방이 위치한 지역의 학교 시험 수준보다 난이도가 높습니다. 당연히 100점은 없고 80점 받기도 쉽지 않지요. 그만큼 현재 다니는 학교 시험에서 100점을 받더라도 만족하면 안 된다는 것을 어머님들이 피부로 느끼게 됩니다. 전국적으로 보면 내 아이의 부족함을 알 수 있기 때문에, 지속적으로 더 노력하고 다져나가야 한다는 것을 선생님이 굳이 설명하지 않아도 객관적으로 학부모님들께 알려드릴 수 있는 효과가 있습니다.

시험은 보통 토요일에 진행합니다. 어머님들께는 한 달 전에 시험 날짜를 공지하고 시험을 본 후에는 그 결과를 공유합니다. 간혹 우리 공부방 학생은 아니지만 그 시험을 보고 싶다고 시험지를 공유해 줄 수 없느냐는 학부모님도 있습니다.

어떻게 대답해야 할까요?

대답은 당연히 노(NO)입니다. 우리 공부방의 학생에게만 실시하는 우리 공부방의 차별화 포인트인데, 그것을 공유해서는 안 된다고 저는 생각합니다.

무엇이 되든 간에, 선생님의 차별화를 만들어 보세요.

어렵게 생각하지 마세요.

자신이 가장 잘할 수 있는 것, 자신에게 가장 잘 맞는 것을 고민하고 개발하면 됩니다. 팔방미인이 되어야 하는 게 공부방 선생님들의 숙명이긴 하지만, 요즘은 개성파가 더 사랑받는 시대잖아요. 선생님의 장점을 차별화로 만들면 됩니다.

그리고 실천하면 됩니다.

공부방 중간고사 안내 문자 예시

안녕하세요. 수학 공부방입니다.
2학기 공부방 중간고사 안내드립니다.
다가오는 9월 30일 (토) 10시에 중간고사를 실시합니다.
아이들이 최상의 컨디션으로 볼 수 있도록 많은 격려 부탁드립니다.
시간 : 10시 ~ 11시
시험 결과 : 10월 10일 오전
(시험 결과는 어머님 핸드폰으로 알려드립니다.)

나는 목동이나 강남처럼 서울에서도 교육열이 높은 학교의 기출 문제들을 모아서 학교의 중간고사, 기말고사처럼 자체 시험을 실시한다. 문제 은행으로 족보 닷컴이나 성공운을 활용한다.

공부방 중간고사 안내 문자 예시

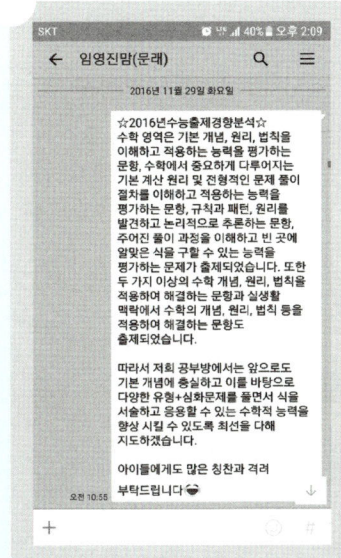
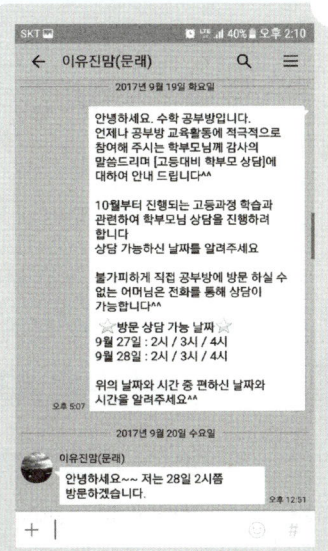

한 학기에 한 번 정도는 대면 상담을 진행하는 것이 좋다. 현재 학생이 어느 정도 수준으로 학습하고 있고, 어느 교재로 진행을 하면서 부족한 부분을 잡아가고 있는지, 내년에는 어떤 부분이 학생에게 더 필요한지, 어느 계획으로 학습을 진행해 나갈 것인지를 대면 상담으로 강하게 어필하는 것이 좋다.

2022년
개정교육과정에 맞춘
새 수업법

2022년 개정 교육과정이 발표되었습니다.

초등 1, 2학년은 2024년부터 적용을 시작했죠. 2022년 교육과정의 목표는 포용성과 창의성을 갖춘 주도적 사람이 되도록 하는 것입니다.

간단히 전체적인 개정 교육안을 이야기하자면, 크게 생태 전환 교육과 민주시민 교육, AI나 빅데이터 등 신기술을 배우는 디지털 소양 교육 등을 배웁니다. 노동인권 교육은 중고교 과정에서만 다룹니다. 전반적으로 국어, 수학, 영어 등 공통 필수 과목의 학습량이 줄어들고 내용이 쉬워집니다. 고교학점제 시행으로 고등학생의 연간 총 수업시수를 줄이고 선택과목을 확대한 데 따른 것입니다.

국어와 수학이 쉬워지면 수능에도 영향을 미쳐서 변별력이 떨어지거나, 한편으로는 '불수능'을 우려해서 사교육 의존도가 더 높아질 가능성이 큽니다.

발 빠른 우리 공부방 선생님들은 이미 개정 교육과정을 통해 바뀌게 될 다양한 사항을 교육 소식지로 전하고 계시겠지요?

요즘은 수포자가 대포자라고 한답니다.

'수학을 포기하면 대학도 포기하는 것과 같다.'라는 말입니다. 그만큼 수학이 더욱 중요해졌습니다. 이제 2022년 개정 교육과정 중 수학에 관한 부분만 이야기를 해보겠습니다.

우선 교과서 내용이 크게 바뀌었는데요, 그 부분에 관해 자세한 이야기는 잠시 후에 하고, 가장 크게 달라진 점은 초등과 중등 영역을 통합했다는 것입니다. 수학의 학년별 연결성과 위계성을 강조한 것인데, 아이들이 초등에서 중등으로 넘어갈 때 큰 변화를 느끼지 않고 초등 때 배운 내용을 이어 배운다는 느낌을 갖게 하려는 것으로 보입니다. 초등수학이 중등 수학으로 심화되고 이어 고등수학의 선택과목 기초가 되는 위계성을 강조하는 것이 큰 특징입니다.

그래서 저는 초등 전문 공부방 선생님이라고 해도 중등 과정까지 공부해서 확실하게 마스터해놓을 것을 권합니다.

선생님이 중등 과정에 대해 잘 알고 있으면, 초등생의 심화 문제나 때로는 수학 경시에 대비할 수 있게 됩니다. 중등 공부방 선생님도 마찬가지겠지요. 고등수학까지 선생님이 공부해 놓으면, 학생들이 어떤 고난이도 문제를 들고 와도 고등수학과 연결해 설명하고, 척척 풀어내는 멋진 모습을 보여줄 수 있습니다.

세부적으로 교과 내용이 어떻게 달라졌는지 살펴볼까요.

중등 1학년의 경우 원래 중 3 때 배우던 대푯값, 도수분포표와 상대도수 등의 내용을 배우게 됩니다. 중등 2학년의 경우는 2009년 개정 교육과정에서 삭제되었던 '증명'이라는 용어가 다시 도입됩니다. 또한 중등 3학년의 이차함수 영역에서 최댓값과 최솟값이 추가됩니다. 이것은 원래 고등 1학년에 배치되었던 내용인데, 중등으로 내려오게 된 것이죠.

초등 1, 2학년은 두 자리수 덧셈, 뺄셈은 물론 한 자릿수의 곱셈까지 배우게 되는데, 너무 어렵다는 의견이 나오고 있습니다. 수학 내용이 문제라기보다는 한글에 약한 아이들이 지문을 소화하는 데 어려움을 겪는다는 것이죠. 그래서 국어능력 강화를 위해 국어 수업 시간이 많이 늘어나긴 했습니다.

초등 3, 4학년 경우에는 등호와 동치관계가 최초로 포함되었습니다. 학생들이 등호를 계산 과정에서 그냥 기호로 오해하는 경우도 많이 보셨죠? 이렇게 착각하고 그냥 넘어가게 되면 중학교 때 배우게 될 좌변과 우변이 같다는 개념을 제대로 이해하기 힘들어집니다.

그래서 초등 3,4학년부터 등호를 사용한 동치 관계를 이해시키는 게 목표입니다.

초등 5, 6학년은 원주율의 근삿값을 3.14로만 사용하기로 정했습니다. 그동안 계산상 편의로 3이나 3.31을 사용했었는데 오개념을 낳게 되는 경우가 많죠. 그래서 금지되었습니다. 눈여겨볼 부분은 평균의 의미를 알고, 자료를 수집해서, 사건이 일어날 가능성을 예측하고 말로 표현하기가 강조되었다는 것입니다. 가능성 예상하기가 편성되면서 주사위 던지기, 회전판 돌리기, 제비뽑기 등과 같은 활동을 많이 하게 됩니다. 그리고 2015년 개정 교육과정에서 빠졌던 속도, 밀도, 농도 부분이 다시 도입됩니다. 특히 소금물 농도 구하기 같은 것은 대표적이죠.

초등학교에서는 학교마다 자율적으로 다양한 선택과목을 개설하고, 중학교에서는 자유학기제가 축소되는 등 변화가 큽니다. 달라진 교육과정을 선생님만의 새로운 수업법을 연구해 보는 계기로 만들어 보는 것은 어떨까요?

2022개정 교육과정 적용된 새 교과서의 이슈 내용

검정 개발 배경 — 2015 개정 교육과정의 승계
- 동일한 교육과정에 기반하여 국정에서 검정으로 변경

검정 교과서 방향 — 차기 교육과정의 연습과 준비
- 국정 교과서의 보강 = 사고력 + 창의융합 능력 배양
- 풍부한 학습 활동, 평가 다양화
- 실생활과 연계

수학 학습 능력배양 강화
- 학교 과정중심평가 강화, 융합 교육 실현
- 교육기관 사고력, 수학 학습 능력 배양 학습시스템 개발 적용

새 교과서와 개정 교육과정 적용시기

구분	학년	교육과정 과목	유형	2015개정 적용 21년	22년	23년	2022개정 적용 24년	25년	26년	27년
초등	1,2	국어/수학	국정				적용			
초등	3,4	국어/도덕	국정					적용		
초등	3,4	수학/사회/과학	검정		적용			적용		
초등	5,6	국어/도덕	국정						적용	
초등	5,6	수학/사회/과학	검정			적용			적용	
중등고등	1	전과목	검정							
중등고등	2	전과목	검정						적용	
중등고등	3	전과목	검정							적용

⇒ 기존 15개정 교육과정 적용 : 과정중심평가, 창의융합, 사고력 강화

⇒ 2022개정 교육과정 적용되어 교과서 내용 대폭 변화

수학 상시 평가,
서술형 평가 대비하는
특급 노하우

서술형 평가와 상시 평가를 어떻게 대비해 주어야 할까?
오늘도 고민이 중이신가요.

학교에서 보는 상시 평가는 학교마다 언제 보는지 정확하게 파악할 수가 없지요. 게다가 학생들 반마다 진도 내용도 시험 범위도 제각각이니, 어떻게 시험 준비를 시켜줘야 할지 정말 난감합니다.

서술형 평가도 큰 고민거리입니다.

요즘 학교 시험에서 서술형 문제 비중이 늘고 있습니다. 풀이 과정 하나로 점수가 깎여, 1등급이 2등급이 될 수 있다는 뜻입니다.

초등학교는 아직까지 서술형 문제의 난이도가 높지 않고, 서술 과정이 복잡하지 않지요. 하지만 중학교, 고등학교는 학교에 따라서 서술형 문제의 난이도가 천차만별입니다. 어떻게 대비해 주어야 식을 서술하는 과정이 익숙하지 않은 학생들이 좋은 결과를 만들어낼 수 있을까요?

먼저 '상시 평가'부터 이야기해 보죠.

앞서 이야기 한 대로 상시 평가가 언제 어느 부분을 보는지, 학교마다 반마다 진도와 시험 내용이 다르다 보니, 학생들 한 명 한 명 평가 대비를 해주기가 사실상 힘듭니다. 대비해 주고 싶은 선생님 마음이야 굴뚝같지만, 현실적으로 어렵지요. 그래서 대부분의 공부방 선생님들은 중간고사와 기말고사만을 신경 쓰게 됩니다.

하지만 학생 입장에서는 다릅니다. 평가의 결과에 따라 학생들은 '나한테 정말 수학이 쉬워졌구나', '내 수학 실력이 좋아졌구나.'를 스스로 느낄 수 있고, 그것이 자신감과 의욕을 불러일으키기 때문이지요.

저는 '상시 평가'를 이렇게 대비합니다.

소단원별/대단원별로 난이도 중-상 정도의 문제를 10개 정도 미리 준비해서 매 수업 시간마다 아이들에게 풀려봅니다. 시간은 10분으로 정합니다. 학생들 대부분은 진도를 나가다 보면 전에 공부했던 앞부분의 내용을 잊어버리고, 아예 공부했었나 기억조차 못 하는 경우가 많습니다. 그래서 주기적인 복습이 필요한데요, 저는 이런 복습을 수업 전 10분 테스트로 해결합니다. 이렇게 항상 복습을 하다 보면, 각 학교에서 언제, 무슨 내용으로 상시 평가해도 대비를 할 수 있습니다.

예를 들어 현재 학생들에게 삼각비 단원을 가르치고 있는데 학교에서는 피타고라스 부분을 배운다면, 저는 수업 전에 10문제 정도를 (피타고라스 정리 5문제 + 피타고라스 정리의 활용 5문제) 풀도록 하는 것이죠. 이때 매번 문제 유형을 바꿉니다. 특히 학생들이 틀렸던 문제를 서술형으로 냅니다.

"그렇다면 문제를 어떻게 직접 만드나요?"라고 공부방 선생님들의 질문을 받을 때가 있습니다.

저는 한글 파일로 문제를 만듭니다. 도형 그림 같은 경우 문제집의 문제를 스캔하고, 오려 붙이기를 해서 문제를 만듭니다.

사실 처음에는 문제를 만드는 데 시간과 노력이 많이 들었습니다. '꼭 이렇게까지 해야 하나?' 하는 생각을, 물론 저도 초보 시절에 하기도 했지요. 하지만 남보다 더 많은 시간과 노력을 투자해야 더 좋은 결과를 만들어 낼 수 있다고 굳게 믿었습니다. 남들과 똑같이 한다면, 어떻게 우리 공부방만의 차별화가 이뤄지겠어요?

잊지 마세요.

선생님의 시간을 더 투자하여 학생들에게 꼭 맞는 문제를 제공하는 게 무엇보다 중요합니다.

만약 선생님의 상황이 하기 힘든 경우라면, 문제 은행 사이트를 활용해 보세요. 요즘은 문제 은행 사이트도 잘되어 있습니다. 학생들의 오답 유형의 문제를 선생님이 골라서 출제할 수 있는 프로그램도 있습니다. 또 하나의 팁을 이야기한다면,

교과서에서 난이도가 높은 문제는 꼭 1~2문제씩은 비슷한 유형을 찾아 꼭 출제하는 것입니다. 학교에서는 교과서에 나온 문제 중심으로 출제하는 경우가 많습니다. 난이도 높은 문제 1~2개 정도를 매일 10분 정도 간단 테스트를 통해 연습하다 보면 상시 평가는 물론, 중간 기말고사의 시험 대비도 할 수 있게 됩니다. 그야말로 꿩 먹고 알 먹기 같은 효과가 나오게 됩니다.

이제 서술형 평가에 대해서 이야기해 보겠습니다.

상위권 학생들은 모두 서술형 문제를 잘 풀까요?

물론 아닙니다. 상위권이라도 답을 잘 맞추지만, 의외로 서술하는 능력이 약한 학생들이 많습니다. 서술해서 문제를 푸는 힘이 약하다는 뜻이지요.

이유는 선생님들이 학생들의 교재를 채점할 때 일일이 풀이 과정을 보고 채점하는 것이 아니기 때문입니다. 따라서 학생들이 풀이 과정을 정확히 적지 않는 경우라도, 답만 맞으면 넘어가는 경우가 많습니다. 또한 풀이를 적고 답도 맞췄다 해도, 정작 학생의 풀이를 들여다보면, 오히려 어렵고 복잡하게 문제를 해결하는 경우도 적지 않습니다. 그렇다면 어떻게 해야 모든 학생들을 꼼꼼히 체크하면서, 서술을 잘하도록 만들 수 있을까요?

방법은 수업 시간 안에 학생들이 돌아가면서 문제를 서술해 나가는 시간을 갖는 것입니다. 보통 한 학기 수업의 기본 교재로 비슷한 난이도의 유형 교재 2권, 그보다 높은 난이도의 교재 1권, 이렇게 총 3권을 정하는 게 좋습니다. 물론 그 이상 풀리는 것은 더욱 좋지요. 저의 경우는 개념 교재를 제외하고, 한 학기 당 4~5권 정도를 풀게 합니다.

제 방식은 이렇습니다.

저는 유형 교재 1권을 먼저 학생들에게 충분히 설명해 줍니다. 그리고 복습용인 다른 유형 교재와 그 위 단계 난이도의 교재는 학생들이 앞으로 나와 직접 설명하면서 칠판에 풀이를 할 수 있도록 지도합니다. 그러면 칠판 앞에 나온 학생은 스스로 배운 내용을 적용해 가며 직접 문제를 풀어나가고, 이 풀이 과정을 다른 학생들에게 설명하는 시간을 갖는 것입니다. 혹시라도 실수한 부분이 있다면, 제가 도움을 주고, 정확하게 풀어나갈 수 있게 유도합니다.

선생님의 설명이 더해지므로 다른 학생들은 두 번 이상 설명을 듣는 효과가 있고, 칠판 앞에서 설명하면서 문제를 푼 학생은 선생님의 설명을 들으면서 어느 부분을 놓쳤는지 더 잘 알 수 있게 됩니다.

이렇게 수업 시간에 학생이 돌아가며 설명하는, 이른바 선생님처럼 강의하는 시간을 갖게 되면, 이 과정을 통해 학생들은 저마다 서술하는 힘을 키우게 되는 것이지요.

그렇다면 어느 문제를 어떤 학생에게 시키는 것이 좋을까요?

당연히 그 문제를 제일 어려워했던 학생을 중심으로 시키는 것이 좋습니다. 왜냐하면 나중에 자신이 앞에서 나와서 설명해야 하기 때문에, 첫 교재로 선생님이 강의할 때부터 학생들은 정신 바짝 차리고 듣습니다. 그리고 자신이 정확하게 이해할 때까지 질문도 아주 많이 합니다. 또한 두 번째 교재에는 선생님이 강의했던 풀이 과정을 정확하게 써넣으려고 노력하게 됩니다. 이런 과정이 반복되면 학생들은 어느새 서술하는 습관을 갖게 되지요.

습관이 무섭다는 말이 있습니다. 습관만 잘 들여놓으면 나중에는 하지 말라고 말려도 그렇게 푸는 것이 당연해집니다. 한 문제 한 문제마다 문제 해석과 식 수립, 풀이 과정을 정확하게 깨닫기 위해 정성을 다하게 되고, 당연히 연산 과정의 실수도 크게 줄어드는 효과도 있습니다.

아이들이 스스로 강의하기.

우리 공부방 선생님에게 꼭 한번 적용해 보시라고 추천드립니다.

모든 학생들을 꼼꼼히 체크하면서 서술을 잘하도록 하는 방법이 있을까? 바로 수업 시간 안에 학생들이 돌아가면서 문제를 서술해 나가는 시간을 갖는 것이다.

먹대 공부방만의 특별 수업법

공부방 카페를 살펴보면 오프라인 모임을 갖는 선생님들이 많이 늘어나는 것을 봅니다. 모두 같은 이유라고 단정할 수는 없지만, 대부분의 선생님들이 모임에 참석하는 이유는 한결같지요. 바로 수업의 새로운 교습법을 배우고자 하는 것이지요.

매일 같은 방법으로만 수업을 하면 어느 순간 학생들의 흥미가 떨어지는 것이 눈에 보입니다. 선생님도 매번 반복되는 수업에 어느새 지치게 되거나, 신규생이 들어와도 별 의욕이 생기지 않는 경우도 있습니다. 그야말로 공부방이 정체기를 갖게 되는 상황까지 이어지기도 합니다.

하지만 새로운 방법으로 바꿔가며 수업을 진행하면, 학생들은 호기심이 한창인 때라서 바뀐 수업 방법에 금세 흥미를 보입니다. 그리고 공부방에 오는 시간을 기다릴 정도로 수업 시간에 즐겁게 참여하고 알차게 배워갑니다.

문제는 새로운 수업방법이 무엇이냐입니다. 이렇게 목마를 때 선생님들은 모임을 찾게 되지요.

모임은 혼자서 고민하는 것보다는 분명히 효과가 있습니다. 여러 선생님들이 함께 모여 서로의 노하우를 공유하면서 수업의 질을 점점 높여가고, 수업에 적용 가능한 방법을 계속 찾아 자신만의 수업 스킬로 늘려가는 것입니다.

다만 모임을 진행할 때 주의할 점이 있습니다.

저도 여러 모임을 진행해 보았지만, 지금까지 잘 유지되고 있는 모임은 딱 두 개밖에 없습니다. 두 모임의 공통점은, 너무나 당연한 소리겠지만, 모임의 목적에 맞게 운영된다는 점입니다.

모임에 참석하는 이유를 다시 한번 생각해 볼까요?

모두가 새로운 것을 배우고 싶어서 시간을 투자해 모임에 참석합니다. 물론 스트레스를 풀고 싶은 마음에 참석하기도 하지만, 그런 동기는 소소하다고 할 수 있지요. 그래서 목적을 상실한 채 수다로만 채워지는 모임은 정기적으로 길게 이어지기 힘듭니다. 어떤 경우라도 목적이 상실되지 않도록 유념하면서 모임을 진행하시길 바랍니다.

때때로 다른 직업을 가진 분들이 저를 부러워합니다. 공부방 선생님이면 오후에 시작하는 일이니 시간적 여유가 많아 좋겠다고 말이죠. 하지만 저나 우리 공부방 선생님에게는 기가 막히고, 코가 막히는 얘기죠. 저희가 어디 다른 직장인들처럼 퇴근 후라는 게 있나요?

여유는커녕 하루 24시간, 쉴 새 없이 돌아갑니다.

수업이 끝나면, 제2의 근무가 시작되지요. 학생들이 풀어놓고 간 교재들을 채점하고, 공부방 청소를 하고, 다음날 수업에 필요한 것들을 준비합니다. 보통 새벽 2~3시에 잠드는 게 일상이지요. 아침 시간은 또 어떤가요? 아침 9시에 일어나야 합니다. 자녀와 남편을 챙겨야 하는 선생님들은 7시에 일어납니다. 오전 시간에는 상담과 홍보, 미팅, 고난이도 문제 공부 등등 해야 할 일이 산더미입니다.

저 역시도 그렇다 보니, 수업에 관한 고민은 주로 주말을 활용합니다. 책을 찾아 읽는 것은 물론이고, 검색을 통해서 좋은 교육 세미나가 있으면 빼놓지 않고 참석합니다. 보고 듣고 찾은 내용들을 어떻게 수업에 적용할까, 이리저리 궁리하다 보면 주말도 훌쩍 지나가 버립니다. '어떻게 하면 시간을 좀 더 효율적으로 활용할 수 있을까?' 고민의 고민을 거듭한 끝에, 저는 '공수공', 즉 공부방 수업 공유 모임을 만들었습니다.

선생님들끼리 고민한 수업 내용을 서로 적용해 보고 더 좋은 방법을 발견하면 공유하는 모임입니다. 시행착오를 최소한으로 줄일 수 있는 게 큰 장점입니다. 물론 수업에 필요한 교구를 구입할 때도 공구를 하거나 저렴하게 구입할 수 있는 방법도 공유합니다. 비용 절약은 물론 시간 절약 면에서도 큰 도움이 되는 것은 두말할 나위도 없지요.

우리 공부방 선생님들도 이런 수업 공유 모임을 한 개씩은 만들어 공부방 활력소로 활용하면 좋을 것 같습니다.

아이들이 60분의 수업 시간 동안, 가뜩이나 어려운 수학이라는 과목을 재미있고 쉽게 배운다면, 그렇게 알차게 공부한 내용을 오랫동안 기억한다면, 생각만 해도 얼마나 벅차고 보람된 일입니까.

우리 수학 공부방도 어떻게 하면 새로운 수업법으로 매 수업 마감을 이뤄내고 대기 줄을 세울 수 있을까요?.

이제 본격적으로 수업에 관한 이야기를 시작해 볼까요.

학생별 맞춤 수업, 이렇게 하세요

누구에게나 처음은 있습니다.

당연히 저에게도 처음 공부방을 시작했던 때가 있었습니다. 그때만 해도 남들이 보기엔 사업을 시작하기에는 어린 나이로 보였던 20대 시절이었지요. 하지만 저는 학원 강사와 학습지 선생님의 경험이 있었기 때문에, 아이들을 가르치는 일이나, 특히 학부모 상담에도 나름대로 자신이 있었습니다.

하지만 웬걸요. 자신감으로 시작한 공부방은 생각만큼 쉽지 않았습니다. 매일 정성껏 홍보지를 만들어 홍보하고 나면, 상위권 학생이 들어오는 것이 아니고 손이 많이 가는 학생들 위주로 상담 문의가 왔습니다. 그래도 의욕을 갖고, 학생들을 받아서 상위권으로 만들려고 제 나름대로 최선과 정성을 다했습니다. 그런데 문제는 제 생각과는 달리 학생들이 학구열을 불태우지 않는 거였어요.

지금 생각해 보면 너무나 당연한 현상인데 그때는 제가 왜 그 화를 다스리지 못했는지 후회가 됩니다.

중요 부분을 암기해 오라고 하면 엉터리로 외우고 와서 다 외웠으니, 집에 가도 되냐고 징징거리는 학생이 있는가 하면, 망부석처럼 책상에 앉아서 멍하니 하루 종일 암기만 하는 학생, 못 외우겠다고 구석에서 울고 있는 학생까지, 정말 제 가슴을 답답하게 만들었습니다. 하지만 저는 포기하지 않았어요. 어떻게든 성적을 올리려고, 학생들을 저녁에도 부르고 심지어 주말에도 불러서 공부를 시켰습니다. 길게는 하루에 3~5시간 동안 공부방에서 외우고 문제를 풀어야 했던 학생들을 제대로 관리하고, 따라오게 만들려면 저는 원치 않지만, 무서운 선생님이 되어야만 했죠. 뿐만 아닙니다.

문제집도 엄청 많이 풀게 시켰어요. 그때는 그저 많은 양을 반복적으로 풀리면 된다고 생각했습니다. 학생들의 취약 부분들만을 뽑아서 정확히 이해시키고 확인한 후 문제를 풀게 할 생각을 하지 못했던 겁니다. 그때만 해도 제가 1:1 맞춤 수업 방식의 경험이 부족했던 탓이었지요.

성적? 성적은 잘 나왔습니다.

왜냐하면 그때는 서술형 문제가 나오지는 않고 거의 단답형 중심으로 문제가 출제될 때였어요. 단원평가, 중간고사, 기말고사 성적까지 잘 나오다 보니, 금방 학부모님들 사이에서는 최고의 공부방이라고 입소문이 났지만, 학생들은 공부방을 좋아하지 않았습니다. 학생들 사이에서는 한 번 들어가면 나오지 못하는 악마굴이라고도 불렸습니다. 많은 학생들을 관리하다 보니 수업 시간에 엄하게 굴고, 많은 학습량을 채우게 한 게 그런 소문을 만들었던 모양입니다.

그래도 전 대수롭지 않게 생각했어요. '엄마들이 좋아하고, 성적이 잘 나오는데~ 무슨 걱정이야. 오히려 이렇게 오래 잡고 공부시키니까 학부모님들이 고마워하는걸. 소문 따위는 신경 쓰지 말자.'라고 생각했지요. 계속 제 수업 방식을 고수하면서, 매일 학생들이 풀어야 할 문제 프린트물을 만드는 것에만 집중했습니다.

결국 문제가 발생했습니다. 시간이 지나고 아이들이 상위권에 올라가니 하나둘씩 퇴원 의사를 밝히는 거였어요. '어디 가서 이렇게 해주는 곳을 찾겠어? 금방 다시 돌아오겠지.'라며 처음에는 크게 신경 쓰지 않았어요. 하지만 퇴원생 수는 점점 늘어났고, 그만두었던 상위권 학생들은 돌아오지 않았습니다. 나중에 알고 보니, 학부모님들은 다시 보내고 싶어 했지만, 학생이 강하게 거부했다는 겁니다.

그렇게 상위권들은 떠나고 또다시 신규생으로는 하위권 학생들이 들어왔습니다. 이런 상황이 반복되다 보니, 저도 사람인지라 공부방 운영에 보람은커녕, 회의가 들기 시작했어요.

'내가 정말 얼마나 노력했는데, 어떻게 이렇게 학생과 학부모님이 몰라줄 수 있을까?'

서운하고, 억울하고, 너무 속상했어요. 처음에 가졌던 자신감은 온데간데없고, 의욕마저 사라졌습니다. 그래서 들어오겠다는 하위권 학생들도 거부했고, 다시 학원 강사를 할까? 아니면 다른 직업을 가져야 하나? 오만가지 생각을 다 했습니다.

그러다 우연히 TV 프로그램 <우리 아이가 달라졌어요>를 보게 되었어요. 제 눈에도 한숨만 나오는 상태의 아이가 변하는 모습이 너무도 놀라웠습니다. 그때 생각했죠. 공부방 운영에 대한 고민을 새롭게 시작한 겁니다.

'내가 방법을 바꾸면, 학생들이 공부방에 와서 의욕 없이 앉아 있고, 시계만 보는 행동들이 바뀌지 않을까?'

저는 그때, 그 깨달음을 통해 다시 시작했습니다.

우선 시간적인 부분을 개선하고자 노력했습니다.

아이들이 한 공간에 너무 오랫동안 앉아 있기보다는 공부방에 있는 시간을 효율적으로 활용할 수 있게 시간표를 바꾸었습니다. 티칭 시간과 코칭 시간을 구분해서 최대한 맞춤 수업을 하도록 바꾼 것이죠. 그래서 하루는 티칭 수업, 다음날은 코칭 수업으로 진행을 해나갔습니다.

교재도 바꾸었습니다. 모든 학생들에게 같은 교재로 수업을 진행했었는데, 한 권은 공통 교재로 다른 한 권은 학생 수준에 맞는 개인 맞춤 교재로 바꾸었습니다. 물론 교재 2권을 진행하기 힘든 학생은 공통 교재만을 풀렸지요. 그렇다고 개인별 맞춤 교재를 빼놓지는 않았죠. 학생이 풀어야만 하는 필요 부분만을 뽑아서 제가 직접 프린트물로 만들고, 그것으로 개인별 맞춤 교재를 대체했습니다.

티칭 수업 시간의 진행 방식도 변화를 주었습니다.
그동안은 교사용 교재(Tip 들이 적혀 있는 선생님들이 사용하는 교재)에만 의지해 왔는데, 학생들이 더 재미있게 수업할 수 있도록 저만의 티칭 방법 준비에 많은 시간을 투자했어요. 수학 개념을 어려워하는 학생들을 위해서는, 게임으로 재미있게 수학 개념을 익힐 수 있도록 수학 카드도 만들었고, 어려운 심화 문제도 게임으로 준비했습니다. 어려운 심화 문제를 풀기 전, 게임으로 원리를 이해할 수 있도록 단원별, 영역별로 게임 자료를 만드는 거였죠. 최대한 수학을 놀이로 인식하여 쉽게, 그리고 집중해서 그 내용을 기억할 수 있게 만드는 수업 방법을 시도한 것입니다.

이렇게 개념 게임과 개념 문제 풀기를 학습한 후에는 각 유형별 대표 문제들을 뽑아 학생들과 함께 풀었어요. 그 과정을 통해서 주입식 암기법이 아니라 학생들이 스스로 생각할 수 있도록 최대한 노력했습니다. 이런 수업방식은 저도 EBS 수업 영상을 보면서 적용해 본 것입니다. 개념 수업에만 집중하기보다는 실제 문제에 어떻게 적용하는지 유형별 응용력을 길러주고 싶었기 때문이죠.

수업의 변화를 준 뒤, 정말 놀랍게도 아이들이 변화했습니다.

개념 수업을 할 때 집중 못 하고 멍~~하게 앉아 있던 아이들의 눈이 초롱초롱 반짝였고, 수업 중간중간 시계만 쳐다보던 학생들도 달라졌어요. "수업 끝!! 교재 예쁘게 정리하고 가자~"라고 하면, "조금만 더해요~", "에~ 벌써 끝났어요?", "하나만 더요. 하나만 더~" 라며 조르기 시작했습니다.

당연히 수업을 하는 저도 신이 났습니다. 수업을 하면서 "교재 봐!", "지우야~ 졸면 안 돼!!" 라고 외치던 제가 아이와 호흡을 맞추어가면서 수업을 하니, 수업 시간도 쏜살같이 지나고 보람찬 수업을 했다는 뿌듯함에 절로 행복해졌습니다.

공부의 효과도 매우 컸습니다. 공부방에 있는 동안 학생들이 최대한 집중을 하면서 공부했습니다. 그 결과 수업 내용의 20~30퍼센트만을 기억하고 집에 갔던 학생들이 60~70퍼센트 정도를 기억하고 집에 가게 된 거죠. 당연히 다음날 복습할 때도 아주 효율적이고 문제집을 풀 때 나오던 오답 수도 눈에 띄게 줄어들었습니다.

물론 학생들마다 문제를 꼼꼼히 읽지 않고 대충 푸는 학생들은 그 습관을 고치게 만드는 데, 시간이 걸리기는 했지만요.

예전에는 학생들이 매일 3시간 가까이 공부방에 있었어요. 그런데 정해진 수업을 알차게 활용하다 보니 학생들이 공부방에 더 이상 남아있을 필요가 없어지고, 그렇다 보니 제게도 저녁 시간의 여유가 생겼습니다. 예전 같으면 아이들 가르칠 시간이었는데, 이제는 그 시간 동안 학년별, 학생별로 수업을 만들 수 있게 된 것이죠. 시간을 더욱 효율적으로 사용할 수 있게 된 저는 점점 더 알찬 수업 방법을 찾을 수 있게 되었습니다.

지금도 저는 수업 준비에 많은 시간을 사용합니다. 준비 시간이 아깝다고 전혀 생각하지 않습니다. 그만큼 알찬 수업을 진행할 수 있고, 제가 투자한 시간 대비 결과나 만족도는 곱절 이상이기 때문이죠.

우리 공부방 선생님들도 지금 이 순간 바로 새로운 수업을 준비해 보세요. 망설이지 마세요. 일단 시작해 보는 겁니다.

선생님이 새로운 수업을 펼치기 시작하면, 초롱초롱 반짝이는 아이들의 눈망울을 보게 될 거예요. 아이들이 좋아하는 인기 선생님이 된 느낌을 받게 되면, 어깨가 으쓱 올라가고 선생님의 얼굴에도 절로 미소가 퍼질 것입니다.

저희가 이 맛에 공부방 선생님 하는 거 아니겠어요.

모든 학생들에게 같은 교재로 수업을 진행했던 부분도 한 권은 공통 교재로 다른 한 권은 학생 수준에 맞는 개인 맞춤 교재로 바꾸었다. 물론 교재 2권을 진행하기 힘든 학생은 공통 교재만을 풀리고 개인별 맞춤 교재는 학생이 풀어야만 하는 필요 부분만을 뽑아서 만든 프린트물로 진행했다.

오답문제

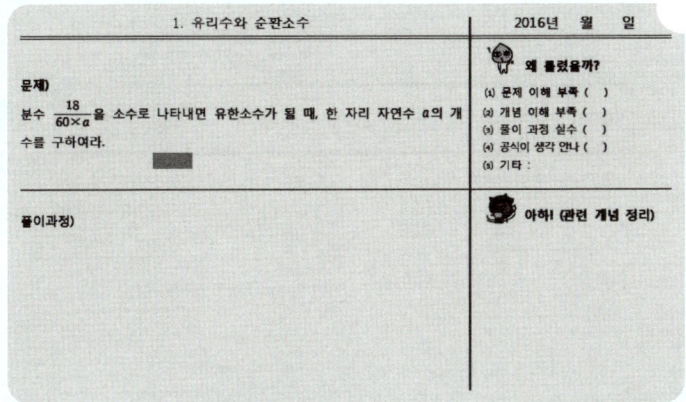

오답 노트를 따로 활용하여 학생들에게 스스로 오답 노트를 정리하게 하는 것보다는 학생들이 특히나 어려워했던 유형의 문제들을 오답 프린트로 만들어 활용하는 것이 더 효과적이다. 나중에 이 오답 프린트들을 모아서 교재로 만들어 주면 하나의 오답 노트가 완성되니 단원별로 8~10문제씩 만들어서 오답 복습을 할 수 있도록 지도하자.

학생들이 문제의 답만 맞춘다고 해서 수학 실력이 좋아지는 것이 아니다. 문제를 풀고 그 문제를 다른 사람에게 설명까지 할 수 있게 될 때 학생은 그 유형의 문제를 정확히 이해한 것이다. 해서 단원별로 학생들이 특히 어려워했던 유형 중 4문제 정도를 골라서 문제를 풀고 나와서 설명해 보는 시간을 갖도록 하자. 처음에는 어떻게 설명할지 몰라 쭈뼛대는 모습을 보일 수 있지만 토론 평가에 있는 식을 쓰는 방법 그대로 설명해 보는 토론 학습을 진행해 보도록 하자.

토론수학 1

planB 초등 5　주간평가 (토론)　2016년　월　일
이름: _____

1 □ 안에 들어갈 수 있는 자연수는 얼마인지 풀이 과정을 쓰고 답을 구하시오.

$$\frac{3}{5} < \frac{\square}{30} < \frac{13}{20}$$

① 5, 30, 20의 최소공배수를 구하시오.

② 세 분수를 통분한 후 분자를 비교하시오.

③ □ 안에 알맞은 자연수를 구하시오.

2 분모와 분자의 합이 96인 분수가 있습니다. 이 분수의 분모에서 12를 빼고 약분하였더니 $\frac{1}{6}$이 되었습니다. 처음의 분수를 구하시오.

① 약분하기 전 분수의 분모와 분자의 최대공약수를 ■라 놓고 분수를 만들어 보시오.

② 분모와 분자의 합을 이용하여 ■를 구하시오.

③ 처음의 분수를 구하시오.

3 길이가 $3\frac{1}{8}$ m, $4\frac{3}{4}$ m, $2\frac{5}{6}$ m인 색 테이프 3장을 겹치게 이어 붙였더니 이어 붙인 전체의 길이가 $8\frac{5}{12}$ m였습니다. 겹쳐진 부분의 길이의 합은 몇 m인지 구하시오.

① 색 테이프 3장의 길이의 합을 구하시오.

② 겹쳐진 부분의 길이의 합을 구하시오.

③ (하나의 식으로 만들어 답을 구하시오.)

4 준수는 할머니 댁에 갔습니다. 기차를 타고 $4\frac{3}{4}$시간, 버스를 타고 $\frac{2}{5}$시간 간 다음 10분 걸어서 할머니 댁에 도착했습니다. 준수가 할머니 댁에 가는 데 걸린 시간은 모두 몇 시간 몇 분인지 구하시오.

① 10분을 분수로 나타내시오.

② 시간의 합을 구하시오.

③ 할머니 댁에 가는데 걸린 시간을 구하시오.

토론수학 2

planB 초등 6   주간평가 (토론)   2016년 월 일
이름:

1 세로에 대한 가로의 비율이 0.8인 직사각형이 있습니다. 이 직사각형의 세로가 20cm일 때 직사각형의 넓이를 구하시오.

① 가로의 길이를 구하시오.

② 직사각형의 넓이를 구하시오.

③ (하나의 식으로 만들어 답을 구하시오.)

2 진하기가 11%인 ㉮설탕물 300g과 진하기가 15%인 ㉯설탕물 240g이 있습니다. 어느 설탕물에 녹아 있는 설탕의 양이 몇 g 더 많은지 구하시오.

① ㉮설탕물에는 설탕이 몇 g 녹아 있는 구하시오.

② ㉯설탕물에는 설탕이 몇 g 녹아 있는 구하시오.

③ 어느 설탕물에 녹아 있는 설탕의 양이 몇 g 더 많은지 구하시오.

3 □ 안에 알맞은 수를 써넣고 직사각형의 넓이를 이용하여 원의 넓이를 구하시오. (원주율 : 3.14)

5 cm → ☐ cm / ☐ cm

① 직사각형의 가로의 길이를 구하시오.

② 원의 넓이를 구하시오.

4 지름이 50cm인 원 3개를 파란색 끈으로 겹치지 않게 둘렀습니다. 사용한 파란색 끈의 길이는 몇 cm인지 답을 구하시오.

50 cm

(원주율 : 3.1)

① 곡선 부분의 길이를 구하시오.

② 직선 부분의 길이를 구하시오.

③ 사용한 파란색 끈의 길이를 구하시오.

- 1 -

집중력 좋아지는 교구·게임 활용 수업

아이들의 집중력, 어떻게 끌어올릴 수 있을까요?

정말 문제입니다.

60분 수업 듣는 것은 힘들어하면서도, 친구들과 게임을 하거나 영화를 볼 때는 딴판이 되는 게 아이들입니다. 똑같은 60분인데도, 아니 그 이상을 앉아 있어도 시간 가는 줄 모르고 빠져들지요. 그 이유가 무엇일까요? 바로 재미있기 때문일 거예요. 재미있으니 집중이 되고, 그 집중력이 60분 동안 앉아 있는 힘을 만들어내는 것입니다.

어떻게 해야 아이들의 집중력을 끌어올릴 수 있을까요? 재미를 끌어 내려면, 선생님이 개그맨이 되어 수업을 진행해야 할까요?

저의 선택은 '학생들의 참여 수업'이었습니다.

학생이 적극적으로 참여하는 수업 시간을 만든 것입니다. 참여 수업은 아이들에게 수업의 효과를 극대화시켜 줍니다.

제 공부방의 '학생 참여 수업'을 한번 공개해 보겠습니다.

수학 수업을 진행하면서 제가 가장 힘들어했던 부분이 도형 부분이었습니다. 계산력 부분은 설명을 통해 조금씩 높여갈 수 있지만, 공간 지각 능력이 약한 학생은 도형 학습 시간 자체를 너무 힘들어합니다. 기껏 올려놨던 수학에 대한 자신감도 도로 떨어지는 것처럼 보였어요. 아무리 쉽게 설명을 해줘도 재미를 못 느끼고, 머릿속으로 도형이 그려지지 않는지 영 집중을 못 합니다.

나 : 명철아, 봐봐 위에서 보는 부분과 옆에서 보는 부분이 다른 게 보이지?
(쌓기나무 수업 시간 중 위, 앞, 옆에서 본 모습을 그리는 부분 학습 중)

학생 : 모르겠어요.

나 : ⋯. 봐봐. 선생님이 빨간색으로 동그라미 친 부분이 위에서 보이는 부분이고, 옆에서 본 부분은 세모 친 부분이야.

학생 : 뒤에 다른 모양이 있을 수 있잖아요.

나 : 아니. 지금 여기 밑그림을 보면 뒤에 다른 모양이 있을 수가 없지.

학생 : ⋯. 아⋯ 무슨 말인지 모르겠어요. 아⋯ 못 하겠어요.

나 : (정말 모르는 것일까????) ⋯아니야 할 수 있어. 다시 시작해 보자.

학생 : 어려워요. (인상을 찌푸리면서 엎드린다.)

나 : 자. 선생님이 옆에 다시 쌓기나무 모양을 그릴게~ 이번에는 명철이가 위에서 본 모양에 동그라미 그려보자.

학생 : 네…. (위에서 본 모양이 아닌 옆에서 본 모양과 섞어서 그리고 있다.)

나 : 응??? 틀렸는데?? 왜 여기에 그렸지?? 여기는 옆에서 본 모양이잖아.

학생 : 제가 이쪽에서 보면 이게 위에서 본 모양이 되잖아요.

나 : … 아니 위에서 본 모양은 이쪽이지.

학생 : 아… 못하겠어요.

이런 수업이 반복되다 보니 당연히 제 목소리가 커지고, 얼굴도 붉으락푸르락 달아오릅니다. 명철이는 머릿속에 쌓기나무 모양이 그려지지 않고, 그렇게 기본이 없는 상태에서 교재에 나온 그림만으로 수업을 진행하니 힘들 수밖에 없을 겁니다.

그래서 저는 명철이를 위해 쌓기나무 교구를 구입했습니다. 3개의 큐브 조각으로 만들 수 있는 모양부터 여러 가지 큐브 조각을 활용해 만들 수 있는 다양한 모양을 함께 만들어 보았지요. 이때 저는 위, 앞, 옆을 구분하는 방법을 가르쳐 주었습니다. 그 후, 교재에 나온 그림을 명철이가 직접 큐브로 만들어보도록 하고, 그 모양의 위, 앞, 옆을 찾도록 해보았습니다. 여기서 끝난 게 아닙니다.

명철이가 어느 정도 이해를 하게 된 후에는 실력이 비슷한 학생들끼리 팀을 만들고, 게임을 진행했습니다. 물론 게임에 대한 상품도

걸었습니다. 솔직히 말하자면, 저는 잔꾀를 좀 썼습니다. 일부러 명철이가 잘할 수 있는 모양으로 게임 문제를 내고 1등을 하게 만들었죠. 상품도 받을 수 있도록 말이죠.

그 결과는 우리 공부방 선생님들이 예상한 대로입니다. 명철이의 집중력은 눈에 띄게 좋아졌고, 도형 부분을 재미있게 생각하고 자신감도 올라갔습니다. 지금은 명철이가 아이들 앞에 나와 설명할 정도가 되었습니다. 놀랍게도 본인이 이해하기 힘든 부분에 대한 경험 때문인지 또래 학년 중에서는 가장 쉽게 설명을 잘합니다.

누구나 자신이 가장 잘하고, 가장 인정받을 때, 성취감을 느낍니다. 성취감은 재미를 불러오고, 재미는 곧 집중력으로 불러옵니다.
이런 선순환을 만드는 방법이 저에게는 '학생 참여 수업'이었습니다.

쌓기나무 수업 활용법

1. 자석 큐브와 다양한 쌓기나무 그림이 있는 카드를 준비한다.
(카드가 없다면 교재의 다양한 모양들을 스캔해서 프린트하고 코팅하여 활용해도 좋다.)

2. 스티커와 위, 앞, 옆 모양을 그릴 수 있는 프린트물을 준비한다.

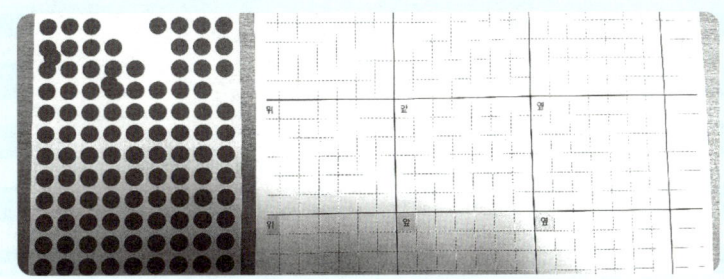

3. 쌓기나무 모양을 하나 만들고 선생님이 위에서 본 부분에 스티커를 붙이고 칠판에 위에서 본 모양을 직접 그려준다. 물론 중간에 한 번 일부러 틀리게 그려놓고 학생들의 반응을 보고 틀린 부분을 정확히 찾아낸 학생에게는 상품을 준다. (난 거의 젤리 중심=먹을 것으로 준다.)

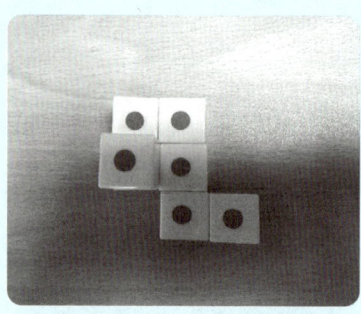

4. 같은 방법으로 앞, 옆에서 본 모양도 함께 스티커를 붙여보고 그려본다.

5. 아이들이 직접 할 수 있는 시간을 만들어준다.

(두 명씩 짝을 지어서 게임 형식으로 진행하면 너무 재미있어한다.)

재밌고 행복한
시험,
공부방 주간 평가

공부방의 자체 시험 '주간 평가'를 추천합니다.

저의 공부방에서는 공부방 자체 시험을 봅니다. 매주 금요일 한 주 동안 학습한 내용에 대해 이른바 '주간 평가'를 실시합니다.

평가를 하는 데에는 크게 두 가지 의미가 있습니다. 첫 번째는 일주일 동안 학습한 내용을 복습할 수 있고, 학생마다 어느 부분이 취약한지를 선생님이 잘 체크할 수 있습니다. 학생들의 취약 부분을 정확히 파악하면, 오답 프린트를 만들어 줄 때 더욱 적확하게 맞춤형으로 평가지를 만들 수 있습니다. 게다가 이런 평가지는 학부모 상담 시에도 크게 도움이 됩니다.

두 번째는 학생들이 실제 시험을 볼 때도 제 실력을 발휘할 수 있는 힘을 길러주는 데 있습니다. 시간 조절을 잘 못해서 알고 있는 문제를 못 풀고 놓치고 마는 학생, 시험 때만 되면 지나치게 긴장해서 제 실력보다 낮은 점수를 받고 마는 학생, 문제를 꼼꼼히 풀지 않아서 실수를 반복하는 학생, 이런저런 이유의 학생들에게 실제 시험과도 같은 테스트를 반복함으로써 시험에 대한 대비를 하는 것입니다. 정해진 시험 시간 안에 제 실력을 발휘해, 답안 작성까지 끝내는 힘을 길러주는 것이죠.

하지만 학생들은 시험이란 말만 들어도 외면합니다. 금요일 주간평가를 실시한다고 하면, 갑자기 배가 아프고, 머리가 아프고, 듣도 보도 못한 핑계들이 마구 쏟아집니다. 처음에는 저 역시 아주 난감하기 짝이 없었어요. 시험은 매주 봐야겠는데, 아이들이 시험 보는 시간을 너무 싫어하는 것이 보였기 때문이었죠. 어떻게 하면 시험을 부담스러워하지 않을까? 최선의 방법을 찾기 전까지, 저는 여러 실수와 실패를 반복했습니다.

저의 이런 시행착오를 공개해 봅니다.

● 100점을 맞으면 그 학생에게 선물을 준다.

이 방법은 직접 해보니 상위권 학생들만 항상 선물을 받게 되고 일부 학생들에게는 오히려 자신감과 흥미만 떨어뜨리는 결과를 낳았습니다. 그래서 실력별로 문제를 다르게 조절해 보았지만, 역효과였습니다. 문제가 달라서 억울하다는 학생, 또는 다른 학생 시험지를 보면서 그 친구를 무시하는 일도 생겼습니다. 때문에 실패!!!

● 학년 평균을 내어서 제일 잘한 학년만 토요일에 불러서 치킨 or 피자 파티를 해준다.

이 방법은 어느 학생 때문에 평균 점수가 깎이면 학생들이 그 친구를 원망하고 무시하는 결과가 발생했습니다. 또 매주 토요일에 파티를 해주다 보니 토요일마다 선생님은 쉴 수도 없고 어머님들도 달가워하지 않았습니다. 때문에 실패!!!

● 80점 이상이면 무조건 선물을 준다.

이 방법은 학생들이 무조건 80점만 맞으면 선물을 받기 때문에 문제를 집중해서 풀지 않고 대충 풀거나, 어차피 4문제는 틀려도 선물은 받게 되니 어려운 문제는 고민하지 않고 넘어가는 일이 자주 발생했습니다. 아무리 시험을 봐도 실력이 올라가는 효과가 보이지 않았습니다. 때문에 실패!!!

이런 시행착오 끝에 드디어 방법을 찾았습니다.

● 게임이라고 느낄 수 있는 시험지를 만들고 즐겁게 만들어라.

이 방법은 시험지에 누구도 알 수 없는 시크릿 메시지를 숨겨 놓는 것입니다. 그리고 성적이 80점 이상이면 학생은 시험지의 시크릿 메시지를 긁어 읽을 수 있습니다. 물론 메시지는 시험지마다 다릅니다. 그 메시지에 따라 학생들은 다양한 선물을 받을 수 있습니다. 시험지를 선택하는 순서는 월~목요일까지 수업 태도가 좋은 학생 순서일 수도 있고 금요일 수업 시간에 들어오는 순서일 수도 있습니다. 순서는 매주 조금씩 변화를 줍니다.

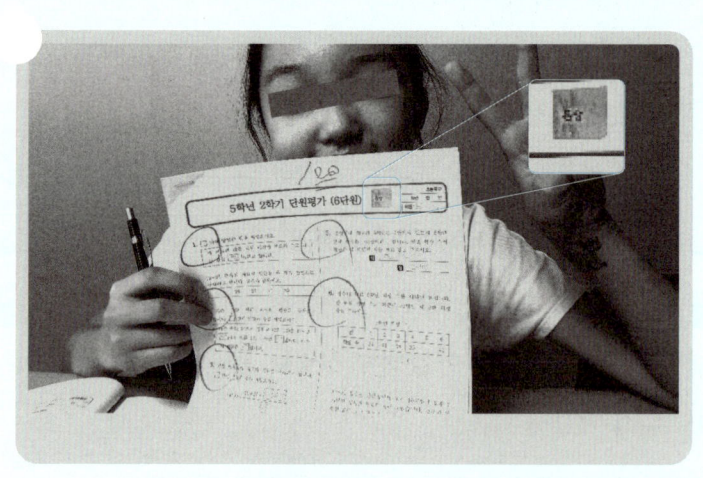

성적이 80점 이상이면 학생은 시험지의 시크릿 메시지를 긁어 읽을 수 있다. 물론 메시지는 시험지마다 다르다. 그 메시지에 따라 학생들은 다양한 선물을 받을 수 있다.

메세지의 예

- 80점 이상이면 대왕 젤리 받기
- 100점이면 문화 상품권 받기 (문화 상품권은 5000원권이다)
- 80점 이상이면 선생님께 뽀뽀 받기 (아이들이 싫어한다)
- 90점 이상이면 과자 선물 받기
- 100점이면 문제집 선물 받기 (무조건 100점이라고 학생들이 좋아하는 것만 선물로 적지 않는다)
- 90점 이상이면 아이스크림 선물 받기 (배스킨라빈스 2800원 기프티콘을 준다)
- 85점 이상이면 지우개 받기 (아이들이 자주 잃어버리는 학용품 중 하나)
- 95점 이상이면 젤리 받기 (꼭 점수가 높아야 좋은 선물을 받는 것은 아니다)
- 100점이면 치킨 상품권 받기 (치킨 상품권 기프티콘을 보내준다)
- 90점 이상이면 학용품 세트 받기 (샤프와 지우개 세트 선물)

성적이 80점 이상이어야만 숨겨진 메시지를 읽을 수 있기 때문에 어떻게든 80점 이상을 맞기 위해 노력한다. 그 이후에 어떤 메시지가 나오는가에 따라 좋은 선물을 받을 수도 있기 때문에 최대한 실수 없이 시험을 잘 보려고 한다. 시험을 보고 난 후의 반응이 참 재미있다. 어떤 학생은 신나 하고 어떤 학생은 아쉽다며 팔짝팔짝 뛰어다닌다. 이런 서로의 모습을 보면서 학생들은 즐거워한다. 즉 시험 시간 자체가 너무 재미있는 시간으로 변한 것이다.

가끔 서프라이즈로 특별 이벤트를 할 때도 있는데 식을 쓰면서 글씨를 너무 예쁘게 쓴 학생은 특별 젤리 간식 선물을 준다. 그러니 시험을 볼 때도 글씨를 예쁘게 쓰기 위해 노력하고, 그 노력과 습관이 학생의 것이 되어간다.

이 글을 읽고 있는 선생님들께서도 꼭 한 번 적용해 보길 권하고 싶다. 그럼 학생들이 "우리 언제 시험 봐요? 매일 봐요~~"라는 행복한 비명을 지르는 반응을 경험할 수 있을 것이다.

시행착오 끝에

탄생한

미션 이벤트

　　공부방 운영을 하다 보면 어느새 잔소리를 하고 있는 저를 발견하곤 합니다.

　　공부방 선생님이라고 해서 공부만 가르치는 것이 아니지요. 학생의 공부 자세부터, 글씨체, 예의 바른 행동 등 여러 가지를 신경 쓰게 됩니다.
　　선생님이 공부만 잘 가르치면 됐지, 무슨 보육교사 역할까지 담당해야 하나요? 이런 의문을 품는 공부방 선생님들을 많이 만나게 됩니다. 요즘 선생님들 사이에서도 논란이 있는 문제이지요. 무엇이 맞는 얘기일까요?

　　글씨체가 너무 좋지 않아서 채점이 힘든 학생이 있습니다. 단순히 제가 채점하는 게 힘들어서가 아니라, 학생이 자기 글씨를 똑바로 읽지 못해서 오답이 생기는 게 문제입니다. 그럴 때마다 저는 좋지 않은 잔소리를 하게 되지요. 학생은 그저 제가 혼냈다고만 생각합니다. 학생을 위해 한 말인데, 그런 제 마음을 알지 못하면 학생은 더 엇나가게 됩니다. 잘못된 습관과 행동도 고쳐지지 않고 말이죠. 그저 잔소리만 계속 늘어놓고 있는 저를 어느 날 문득 발견합니다.

"학생들에게 식과 풀이 과정을 쓸 수 있는 힘을 길러주세요."

제가 선생님들 모임이나 세미나를 할 때 항상 하는 말입니다. 하지만 이 습관은 하루아침에 생기지는 않지요. 힘들어하고 귀찮아하는 학생들을 지켜보면서, 기다리는 선생님의 인내심이 꼭 필요합니다. 그런데 그게 참 말처럼 잘 안 됩니다. 저 역시 마찬가지였습니다.

공부를 잘하기 위해 학생에게 꼭 필요한 부분이라, 선생님 입장에서는 자꾸 이야기를 할 수밖에 없는데, 학생은 똑바로 안 하는 경우가 태반입니다. 저도 모르게 화를 내는 일이 잦아집니다. 잔소리에 야단까지 맞은 학생은 입을 삐쭉 내밀고 그때만 잠깐 제대로 합니다. 그뿐이 아닙니다. 어떤 학생은 일부러 더욱 엉터리로 풀어오기도 합니다. 저는 더욱 크게 화를 내고 말죠. 악순환이 반복됩니다. 그렇게 매일 저와 기싸움을 했던 학생도 있었습니다.

그 결과, 학부모님에게 연락이 옵니다.

어머님 : 안녕하세요. 선생님. 잠깐 통화 가능하신가요?

나 : 네. 어머님. 말씀하세요.

어머님 : 혹시 성진이 공부방에서 무슨 일 있었나요?

나 : 아니요. 특별한 일은 없었는데요?

어머님 : 근데 자꾸 공부방 가기 싫다고 해요. 매일 가기 싫은 아이 달래가면서 보내기가 너무 힘이 드네요.

나 : 아… (내 입장에서는 딱히 혼을 낸 것이 아니고 "똑바로 앉아라." 이야기를 자주 해준 것이기 때문에 크게 문제가 되지 않을 것이라 생각했고 그래서 이 부분에 대한 상담을 미리 들어가지는 않았었다.)

어머님 : 공부방 갈 때만 되면 피곤하다고 하고, 그렇게 짜증을 부리네요.

나 : 그랬군요. 공부방에서 수업은 잘 따라오고 있습니다. 다만 문제를 풀 때 자꾸만 엎드리고 풀어서 제가 자세 이야기를 조금 자주 했어요. 매일 그렇게 앉아서 풀면 나중에 허리가 많이 아파지거든요.

어머님 : 아~ 그러셨군요. 성진이 집에서도 자주 그래요. 전에 학교에서 검사를 했는데 척추측만증이 약간 있다고 하더라고요. 그래서 주말마다 병원에 다녀요.

나 : 네~ 성진이가 병원 다니는 이야기는 하지 않아서 몰랐네요. 자세가 좋지 않을수록 통증이 심해지기 때문에 자꾸 자세 이야기를 하게 되었어요.

어머님 : 그러셨군요. 감사해요. 근데 성진이가 그 말에 스트레스를 많이 받

나 봐요. 어떻게 하지요?? (어머님이 아이에게 휘둘리는 스타일이다. 아이에게 끌려다니는 유형의 어머님.)

나 : 그래도 자꾸 좋지 않은 자세로 공부하는 것을 보고만 있을 수는 없어서요.

어머님 : 공부가 재미없는 것이 아닐까요?

나 : …… (하…. 피곤하다….) 그렇지는 않아요. 발표도 잘하고 문제도 잘 푸는걸요. 점수 보시면 좋아지는 게 보이시잖아요~

어머님 : 그건 그래요. 그럼 어떻게 하지요? 우선 자세 이야기를 하지 말아 주세요. 계속 병원 다니고 있고 지금 선생님께서 자꾸 혼내시는 게 스트레스 받나 봐요.

나 : 혼을 내지는 않아요. 어머님. 성진이에게 가서 조용히 허리 펴고 공부하라고 말하지요. 다른 학생 들으면 성진이 신경 쓰일까 봐 조용히 옆에 가서 이야기하는걸요.

어머님 : 아이고, 그러셨군요.

나 : 우선은 성진이가 이 말에 스트레스를 많이 받는 것 같으니, 오늘부터는 당분간 말하지 않겠습니다. 내일도 가기 싫어하면 잘 달래서 보내주세요.

어머님 : 네~ 선생님. 매번 감사하고 죄송해요.

나 : 아닙니다. 들어가세요.

이 대화를 읽고 있는 선생님들도 가슴이 답답해지시죠? 각종 상담 전화하고 나면, 작년에 먹은 설날 떡국까지 얹힌 기분입니다.

이날 이후, 저는 제 잔소리가 오히려 스트레스가 될 수 있겠구나, 또는 이것을 핑계로 퇴원생이 될 수도 있겠다는 생각을 했습니다. 성적을 올리고 공부에 재미를 붙이려면 잔소리는 해야 하는데, 어떻게 하면 좋을지 고민을 거듭한 끝에 저는 잔소리를 대신할 방법을 드디어 찾았습니다.

이런 방법입니다.

매달 학생들에게 미션을 주고 그 미션을 잘 따른 학생에게 상장을 주었습니다. 미션의 내용은 제가 학생들에게 하고 싶은 말, 요구사항으로 만들어서, 학생들의 미션 수행이 곧 잘못된 부분을 고치는 셈이 되도록 유도한 것입니다. 능동적으로 스스로 잘못된 습관을 잡아갈 수 있도록 말입니다. 그렇게 매달 한 학년에서 한 명씩 우수 학생을 선발하고, 상장과 함께 격렬한 포옹, 힘찬 박수, 그리고 부상도 수여하였습니다. 부상은 우수 학생의 어머님 핸드폰으로 보냈는데 선물은 치킨이나 피자 또는 아이스크림 기프티콘 등의 보통 2~3만 원 사이로 선택했습니다.

처음에는 시큰둥했던 친구들도 다른 친구들이 상장과 선물을 받는 것을 보자 스스로 조금씩 미션에 따라 노력하는 모습을 보였습니다. 그 결과는 예쁜 자세와 글씨체로 나타났습니다. 물론 미션 이야기를 매일 이야기하면 그것 또한 스트레스가 될 수 있기 때문에 매달 미션 내용에 따라 귀여운 벌칙을 선사했지요.

그달 미션이 <자세 바르게 앉기>라면 바르게 앉지 않은 학생에게는 다가가 빨간 립스틱을 바르고 뺨에 뽀뽀합니다. 학생들은 비명을 질러대며 싫어했고, 제가 다가가기만 해도 얼른 바른 자세로 고쳐 앉았습니다. 재미와 보상이라는 방법으로 학생들이 스스로 잘못된 습관을 고치게 된 것입니다. 이제 저도 잔소리를 안 하고 살게 되었지요.

어떻게 하면 학생들이 스스로 변화하고자 노력할 수 있을까?

늘 고민하시길 바랍니다.

그 고민이 수학 공부방 운영에 행복을 가져다줄 겁니다.

안내 문자 예시

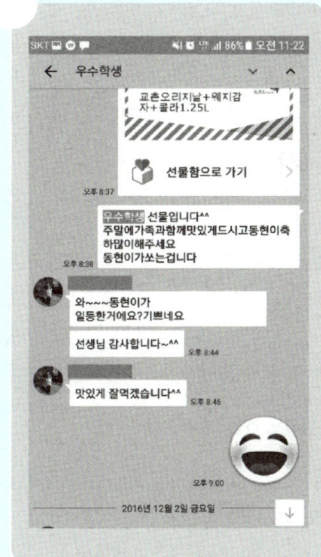

매달 한 학년에서 한 명씩 우수 학생을 선발했다. 우수 학생에게는 상장과 함께 격렬한 포옹, 힘찬 박수 그리고 부상이 주어졌다. 부상은 우수 학생의 어머님 핸드폰으로 보냈다. 선물은 치킨이나 피자 또는 아이스크림 기프티콘이었다.

상장

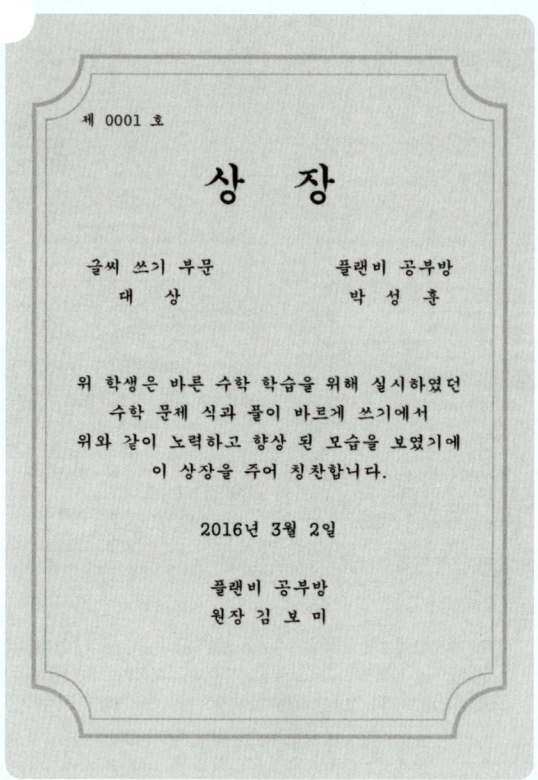

처음에는 시큰둥했던 친구들도 다른 친구들이 상장과 선물을 받는 것을 보자 학생 스스로 조금씩 미션에 따라 노력하는 모습이 보였고, 그 결과는 예쁜 자세와 글씨체로 나타났다.

학부모가 감동하는 소통법

선생님들이 항상 제게 묻는 게 있습니다.

"성공한 공부방들은 어떻게 학부모를 관리하나요?"

분명 무슨 특별한 노하우가 있을 것이라고 궁금해합니다. 그때마다 저는 이렇게 답변합니다.

"제가 지금껏 성공한 선생님들의 특별한 학부모 관리 비법은 바로 '선생님들의 성실함'이었습니다."라고 말이죠.

의무적으로 관리하기보다는 내 아이의 학습이라 진심으로 생각하는 것. 비법은 그것에서부터 시작되는 거라고 말입니다.

저는 예전에 매주, 매달 학부모님과 정기적으로 상담을 해야 한다고 생각했습니다. 그렇기 때문에 그 날짜에 맞춰 학생들의 학습 이야기를 하기 위한 자료를 만들기에 바빴고, 정작 상담도 형식적인 분위기로 흘러만 갔습니다. 그러니 어느새 상담 기간만 돌아오면 부담감에 스트레스가 점점 쌓이고, 제가 하는 상담 멘트도 늘 비슷하게 반복되었습니다. 어머님들도 형식적인 멘트를 금방 알아차리는지 별다른 반응이 없었지요. 길을 가다 학부모님을 마주치는 순간은 또 그렇게 어색할 수가 없었어요.

점점 상담자료를 보내는 일에 힘이 빠졌고, 어머님들의 속마음을 알 길이 없었기에, 공부방 운영에 늘 불안해졌습니다. 학부모 상담이 사업이므로 해야 하는 일은 맞지만, 스트레스를 피할 길이 없는 일이 되고 말았지요.

하지만 학생들에게 공부를 가르치면서 아이가 예쁘게 보이기 시작했고, 제 작은 이야기에도 감동을 받고 조금이라도 나아지려고 애쓰는 모습들이 정말 기특하게 느껴졌습니다.

이런 사랑스러운 아이들의 모습을 저만 알고 있기 너무 아쉬워서, 문자 메시지로 아이의 학습 사진도 함께 어머님께 보내기 시작했습니다. 그러자 상담 때 별 반응이 없던 어머님들도 제가 보낸 사진과 한 줄의 메시지에 오히려 크게 감동하는 것 같았습니다. 어머님과 뭔가 통하는 게 생긴 기분이 들었죠.

그러면서 깨달았습니다. 어머님들과 꼭 정해진 상담만 진행하는 것이 아니고 그때그때 작은 일이라도 소통을 하는 것이 더 중요하다는 것을 말입니다.

어렵게 생각하지 마세요.
문자 내용을 멋지게 보내야만 한다는 고정 관념도 내려놓으세요. 어머님들의 관심은 내 아이가 오늘 어떻게 공부를 했는지, 공부를 재미있게 하는지에 있습니다. 아이의 수업 모습이 보고 싶고 궁금한 것이니까요.
카카오톡이 생기고 나서부터는 이러한 소통이 더욱 활발해졌고 저 또한 어머님의 반응에 힘을 얻습니다. 내 아이의 학습이라 생각하면, 아이들이 기특한 수업 모습이 대견하게 느껴지고 자랑하고 싶어집니다. 자랑할 일이 많아지면, 학부모님과 소통할 거리가 많아지고, 이런 소통의 재미로 하루를 시작하게 됩니다.

자랑할 제자 아니 내 자식이 늘어나서 다둥이 학부모가 된 기분을, 안 먹어도 배부른 행복한 기분을 우리 공부방 선생님들도 꼭 느껴보았으면 좋겠습니다.

재미있는 선생님과
만만한 선생님은
다릅니다

선생님은 어떤 유형의 선생님인가요?

선생님들의 혈액형은 무엇인가요? 아니면 MBTI는 어떻게 되나요? 저를 만나본 많은 분들이 저를 O형 같다고 하지만, 사실 저는 트리플 A형입니다. 내성적이고 낯도 많이 가리지요.

공부방 수업 시작 전에도 조용히 음악 듣고 컴퓨터를 하면서 대부분의 시간을 보냅니다. 일을 할 때 빼고는 거의 말을 잘 하지 않는 편입니다. 저를 만나본 선생님들은 아마 깜짝 놀라실 거예요.

"아니, 선생님 강의할 때 보면 전혀 그렇게 보이지 않던데요?"

제자들은 더욱 놀랄 것 같습니다.

"에~ 선생님이? 거짓말 대마왕~."이라고 하면서 말이죠.

하지만 사실입니다.

평소에 말이 많지 않고 활동적이지 않은 제가 수업 때만은 액션도 크고 웃긴 표정도 많이 지어 보입니다. 조금이라도 아이들이 집중하게 만들기 위해서죠.

전국에 수학을 재미있어하는 학생이 과연 몇 퍼센트나 될까요? 흥미 없는 수학을 공부하는데, 매일 봐야 하는 선생님까지 무섭고 재미없다면 정말 수학과 더 멀어질 거예요.

과거 학창 시절을 떠올려보세요.

자기가 싫어하는 과목이라도 그 과목의 선생님이 좋아지면 그 수업 시간이 기다려지고 자연히 수업에 집중하게 되잖아요. 수학은 특히 그런 경향이 큰 과목입니다. 그래서 저는 재미있고, 인기 있는 선생님이 되고자 많은 노력을 합니다. 일부러 코믹 프로그램을 찾아보고, 웃긴 말투도 혼자 연습해 봅니다.

행여 혼동하지 마세요. 재미있는 선생님과 만만한 선생님은 다릅니다. 그저 농담으로만 웃고 끝나는 수업은 아무것도 남지 않습니다. 또한 친절한 선생님이 되기 위해 아이들의 요구를 다 받아주는 것도 좋지 않습니다.

아이들을 빠져들게 만드는 유머 감각도 필요하지만, 아이들을 사로잡는 카리스마 또한 필요합니다. 이 두 가지는 반드시 함께 갖추어야합니다. 물론 처음부터 이 두 가지를 갖고 있는 선생님은 없습니다. 노력 끝에 만들어지는 것임을 꼭 기억하세요. 성공한 공부방의 선생님이라면 꼭 갖춰야 할 기본이라는 것을 저는 강조하고 또 강조하고 싶습니다.

【 학생과의 대화 1 – 졸려서 집중하지 못하는 학생과의 대화 】

학생 : (표정이 좋지 않다. 거의 엎드린 자세로 문제를 푼다.)

나 : ○○아 예쁘게 앉아서 풀어야지~

학생 : 졸려요….

나 : 나두…. (학생 표정 따라 한다.)

학생 : 진짜 졸려요…. 아… 그만하고 싶다..

나 : 공부를?? 헐~~ 샘이 안 보고 싶다고?? 샘 상처받는다.

학생 : 아니요. 오늘 그만하고 싶다고요.

나 : 오늘 할 일을 미루면 내일은 더 힘들지~ 전에도 하루 일찍 가서 다음 날 더 힘들었잖아.

학생 : 아. 배고파요.

나 : 나두…

학생 : ……

나 : 함께 졸음과 배고픔을 이겨내고 공부에 집중해 보자. 우리 ○○이 할

        수 있어.

학생 : 뭐 사주세요.

　나 : 샘은 뭐 사주는 사람이 아니고 너 똑똑하게 만들어주는 사람이다. 정확히 알자. 내가 누구로 보이니?

학생 : ……

　나 : 그래. 딱 그렇게 집중을 하고 허리 펴고 스트레칭 한번 하고, 집중하자. 샘이 너 열공하는 모습 감동 먹으면 어머님께 너 집에 도착할 때쯤 맛있는 거 사주시라고 말씀드리마.

학생 : 저 가면 엄마 자요.

　나 : 절대 주무시지 않는다. 주무시면 내일 사주시라고 할게. 힘내 힘내!!!

학생 : 하… 네….

【 학생과의 대화 2 – 자세가 예쁘지 않은 학생과의 대화 】

학생A : (엎드리고 턱을 손에 받치고 문제를 푼다.)

　나 : 얘들아~ 지금부터 엎드리는 아이들끼리 커플이다. (일부러 여러 학생들에게 말한다.)

학생B : 왜요?

　나 : 왜긴~ 커플은 서로 닮으니까. 커플이 되고 싶어서 일부러 자세를 그렇게 하는데 샘이 맞어 주어야지~

학생A : 우엑~ 나는 절대 싫어요.

나 : 오~ ○○이 너 아까부터 샘이 지켜보고 있지. 일부러 효진이 옆에 앉고 싶어서 은근 선생님 볼 때 자세 엎드리고 푸는 거. 조금만 기다려. 샘이 지금 효진이랑 네가 동시에 엎드릴 때를 기다리고 있는 중이야. ㅋㅋㅋ 신나지?

학생A : 아니에요~ 누가 쟤랑 앉고 싶어요. 쟤 싫어요.

나 : 강한 부정은~ㅋ 강한 부정은 강한 긍정이지. 샘은 니 맘 다~~ 이해한다.

학생A : 아~ 아니래도요. 똑바로 앉아야지. 야 너도 똑바로 앉아 너 엎드리기만 해봐.

나 : 씁…. 누가 친구한테 그렇게 이야기하래. 선생님이 항상 말 조심하라고 했지. (약간 엄하게) 또또 인기 끌려고 상남자처럼 말한다.

학생들 : 오~~~.

나 : 아~ 아니에요. 그냥 문제 풀 거에요. (본인도 웃으면서 자세를 고쳐 앉는다.)

이런 식의 대화는 제가 주로 아이들과 하는 이야기하는 방식입니다.

아이들과의 대화는 어떤 상황을 코믹하게 풀면서 이야기하지만 어느 선에서는 조절해 주는 것이 중요합니다. 선생님이 수위를 조절하지 않으면, 학생들은 선을 넘고 그 때문에 전체 수업 분위기가 엉망이 될 수 있기 때문이죠. 하루아침에 되지는 않겠지만, 조금씩 강약을 조절해 가면서 수업 분위기를 바꾸어 보세요.

선생님의 카리스마는 수업 시간에 개념 설명을 할 때도 필요합니다. 저는 일부러 남자팀, 여자팀으로 나누어 보이지 않게 경쟁을 유도합니다. 수업 시간에 대답과 발표를 잘하는 팀에게 보상을 주면 그야말로 수업 시간에 불꽃이 튑니다. 서로 대답을 잘하기 위해 경쟁하는 엄청난 광경을 볼 수 있지요.

【 수업 시간 모습 】

나 : 자, 오늘은 여자팀, 남자팀으로 나누어서 수업할 거야. 규칙은 알고 있지? 큰 소리를 내면 벌칙. 조용히 손을 들고 대답하는 팀이 정답이야. 물론 동시에 손을 들 때는 자세가 좋은 팀에게 먼저 기회가 있는 거고.

학생들 : 네~ 쌤. 상품은요??

나 : 우선 이긴 팀은 젤리를 받고 수업 후 집에 가는 거고, 진 팀은 프린트로 추가 문제 풀고 가기. 너희 더 공부하고 싶어서 일부러 틀리거나

발표를 적게 해도 괜찮아.~~ ㅋㅋ

학생들 : 에~ 누가요. (자세를 서로 고쳐 앉는다.)

(5학년 2단원 합동과 대칭 개념 수업을 하면서 중간중간 질문을 던진다.)

나 : 그럼 직사각형에는 대칭축을 몇 개 그을 수 있을까요?

(여자팀, 남자팀 동시에 손을 들고 서로 간절히 발표를 하고 싶어 한다. 여자팀에게 기회)

여자팀 : 4개요. 4개.

나 : 아~ 4개요?? 확실합니까?? 남자팀도 같은 생각입니까?

남자팀 : 2개요. 정사각형이 4개에요.

나 : 나와서 설명해 보세요. 직사각형, 정사각형 모양 그려서~

(나와서 남자팀이 설명을 한다.)

나 : 정답!!! 와우~

이런 식으로 수업에 집중을 하면서 재미를 줍니다. 특히 저는 격렬한 포옹과 격한 표정으로 수업 분위기를 이끌어갑니다.

이렇게 아이들의 집중력을 최대한 끌어올려 10분 같은 60분의 수업 시간이 끝나면, 대결에서 진 팀은 추가 프린트물을 풀고 집에 가도록 합니다. 이런 방식이 어렵다고 느껴지시나요? 번거롭다고 생각되나요? 그건 아마도 머릿속으로 상상만 하고 있기 때문일 겁니다.

직접 경험해보세요.

선생님의 자신 있는 스타일로 수업을 진행해 보세요. 학생들의 표정부터 밝아지고, 수업이 활기차지는 것을 바로 느낄 수 있을 거예요. 기원전 300년경에 활약한 대 수학자 유클리드는 황제에게 기하학을 가르쳤지요. 너무 어려워 황제는 이렇게 묻습니다.

"좀 쉽고 빠르게 배우는 방법은 없느냐?"

유클리드는 이렇게 대답합니다.

"대왕이시여, 기하학에는 왕도가 따로 없습니다."

성공하는 공부방의 선생님이 되는 길에도 왕도가 따로 없습니다. 선생님 스스로 실천하는 것. 그것만이 변화의 시작이 되고, 성공의 열쇠가 됩니다.

우리 공부방 선생님 모두, 조금씩 더 힘을 내봅시다.

학부모를
내 편으로 바꾸는
마법의 상담법

학부모님들과의 상담이 부담스러우신가요?

초보 선생님이나 베테랑 선생님이라도 언제나 부담스럽고 어려운 것이 '학부모와의 상담'입니다. 저 역시도 마찬가지예요.

학습지 교사를 했을 때는 매주 어머님을 만나서 학생에 대해 간단하게라도 상담을 진행했습니다. 하지만 공부방을 시작하면서 매주 어머님과 상담을 진행한다는 것은 결코 쉬운 일이 아니었어요.

"이번 주에 무엇을 배웠고요. 이 부분은 잘했는데, 이 부분은 힘들어했어요. 다음 주에는 이런 내용을 배울 겁니다."라고 매주 전화를 하는 것이, 이런 상담이 과연 어머님께도 도움이 될까? 아마 어머님들도 부담스러워하지 않을까? 전화상담에 대한 회의가 들었습니다.

수업에 영향을 받지 않는 시간은 주로 오전이나 늦은 밤인데, 이 시간에 상담 전화를 걸면 집에 있는 어머님도 힘들어하지만, 직장에 다니는 어머님들은 더욱 난색을 표합니다. 일하는 중에 전화를 받기가 곤란하니 말입니다. 그렇다고 해서 주말에 전화를 드리자니 서로가 부담입니다. 어머님도 주말에는 쉬고 싶고, 저도 황금같이 귀한 주말 시간을 전화상담에만 매달리게 되는 것이 너무 부담스러웠죠.

그래서 바꾼 것이 텍스트 상담입니다.

매주 학생들의 학습 내용을 텍스트로 정리해서 파일에 넣고 학생을 통해서 학부모님께 전달하는 방식이었죠. 그런데 이것 또한 문제가 있었어요. 처음 학생 수가 10명 이하였을 때는 이런 텍스트 상담이 크게 부담이 되지 않았는데, 점차 학생 수가 늘어 매주 50명이 넘는 학생들의 상담 파일을 혼자서 만든다는 게 결코 만만치 않은 일이 되었죠.

처음에는 A4용지 한쪽 분량으로 학습 코멘트를 적어 보냈는데, 점점 코멘트 분량이 줄어들게 되더라구요. 또한 제가 아무리 체크를 열심히 한다고 해도, 50명이 넘는 학생의 한 주 동안의 학습을 하나하나 세심하게 챙기는 것은 현실적으로 불가능한 일이었습니다. 그래서 이번에도 역시 회의가 찾아왔죠.

학생이 어느 부분을 힘들어하는지 교재의 문제를 세심하게 설명해 드리는 중에도 '지금 내가 이야기하는 게 어느 문제인지 어머님이 과연 정확하게 이해하실까?'라는 의문이 자꾸 들었습니다.

직접 교재나 평가를 본 시험지를 보여드리면서 상담을 하면 좀 더 빨리 이해할 수 있고, 아이들의 학습한 내용을 직접 눈으로 보게 되니, 어머님 입장에서는 여러모로 좋지 않을까 라는 생각이 들었죠. 그래서 저는 다시 한번 변화를 시도해 보았습니다.

꼭 정해진 상담 날짜가 아니어도 어느 날 학습 자세가 너무 좋거나, 오답 없이 문제를 집중해서 잘 풀고 가는 날은 꼭 어머님과 공유했습니다. 그리고 텍스트는 매월 교육 소식지가 나갈 때 월간 학습 리포트로 정리해서 보내는 방식을 택한 것이죠.

이렇게 월간 학습 리포트로 만들면, 주별도 리포트가 나갈 때보다 훨씬 더 풍부하게 학습 내용과 선생님의 의견을 적을 수 있었습니다. 또한 어머님들도 열심히 하는 아이의 모습은 수시로 공유받을 수 있어서 좋아할 것이라고 믿었죠.

결과는 대만족이었습니다.
어머님들과 소통할 일이 많아지다 보니, 매번 느꼈던 상담에 대한 부담감이 많이 줄게 되었습니다. 오히려 지금은 확신을 가집니다.
의무감으로 상담을 할 필요는 없습니다. 마음이 갈 때마다 진심

어리게 선생님의 이야기를 전달하세요.

　진심에서 우러나오는 소통이 가장 좋은 상담법입니다.

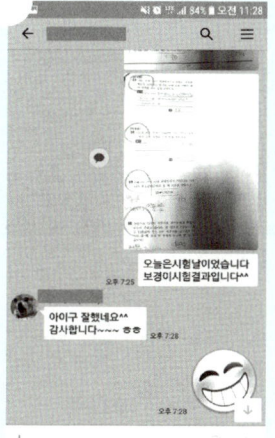
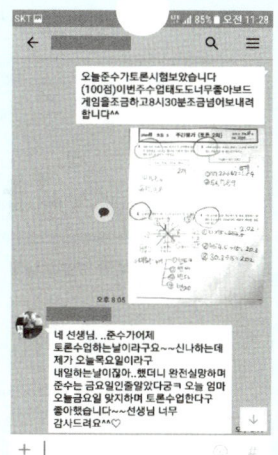

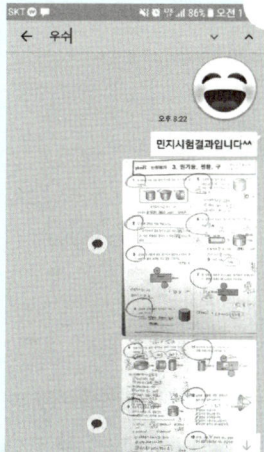

꼭 정해진 상담 날짜가 아니어도 어느 날 학습 자세가 너무 좋거나, 오답 없이 문제를 집중해서 잘 풀고 가는 날은 꼭 어머님과 공유한다.

학부모를 내편으로 바꾸는 마법의 상담법 245

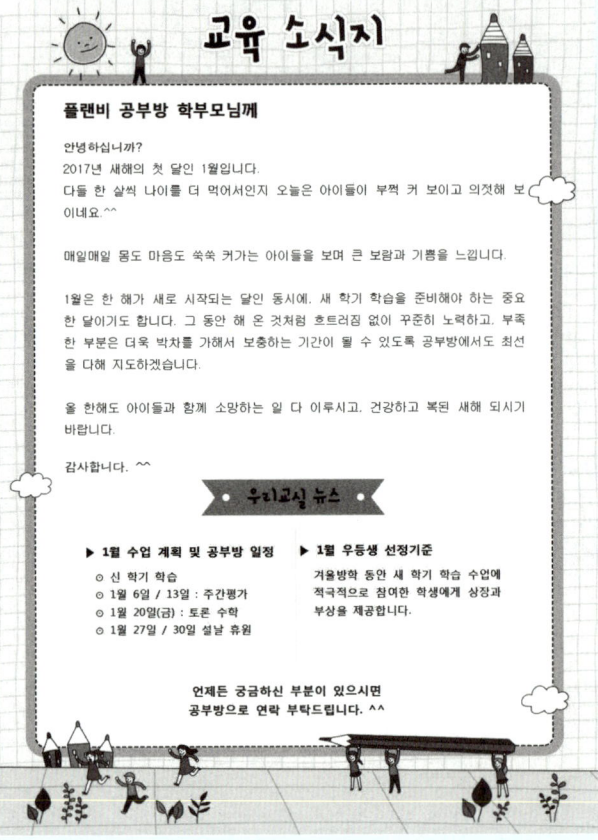

월초에 인사말과 함께 그달의 공부방 일정 공유, 우수 학생 선발 기준 등을 적어서 보내 드린다.

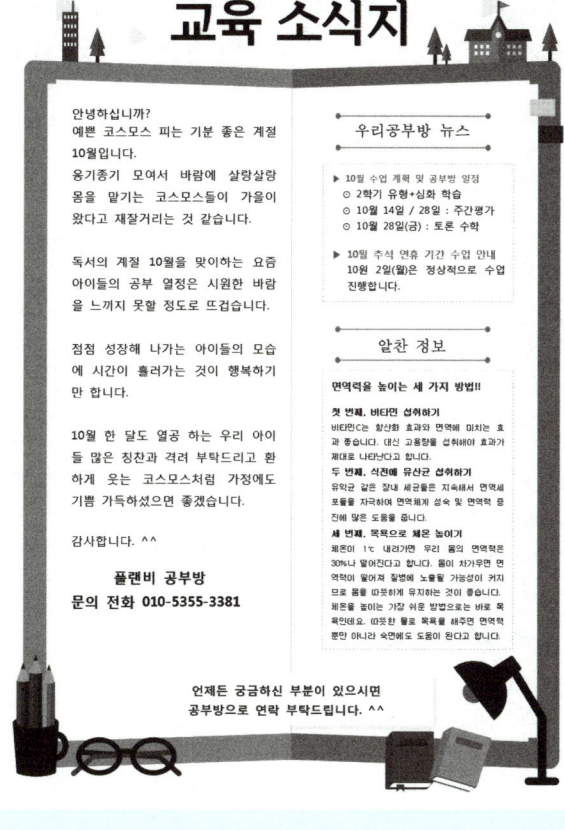

월간 학습 리포트

2016년 9월 주간 학습 리포트 1

이 름	김동현	학 년	5학년	학부모 확인	
학습 기간	2016년 8월 29일 ~ 2016년 9월 9일				
학습 과정	5학년 2학기 1단원 ~ 5학년 2학기 2단원 학습				

■ 주간 학습 성취도

구분	우수함	좋음	양호	노력 요함
개념 학습 이해	O			
개념 문제 풀이	O			
유형 문제 풀이		O		
서술형 문제 풀이		O		
토론 수업	9월 30일 수업 예정			

■ 주간 학습 종합 성취도

학업 성취도 / 주간평가 성취 등급	수업 태도 / 과제수행 성취 등급	자기주도적 학습 등급
B	A	A

주간 학습 성취도 총평	동현이가 1학기 때와 달리 글씨체와 식을 서술해 나가는 부분이 정말 많이 좋아졌습니다. 난이도 높은 유형의 문제도 도전해 보려는 마음을 표현하고 해결해 나가기 위해 고민하는 모습이 많이 보여 기특하고 예쁩니다. 수학에 대한 자신감도 많이 좋아졌구요. 하지만 동현이가 학습을 할 때 오답이 나오는 난이도 높은 문제가 많이 나오거나 스스로 약하다 생각하는 단원(도형 단원 - 2단원)이 나오면 적극적인 태도가 줄어듭니다. (물론 해야 할 부분을 성실히 잘 하기는 합니다.) 2학기 동안에는 동현이의 이러한 부분을 조금씩 잡아나가면서 흔들림 없는 학습 태도와 수학의 흥미를 높일 수 있도록 지도해 나가겠습니다. 가정에서도 많은 격려와 칭찬 부탁드립니다.^^

월말에 학생의 수업 이해 정도, 주간 평가 결과, 선생님 총평으로 정리해서 학부모님께 보내드린다.

월간 학습 리포트 - 방학

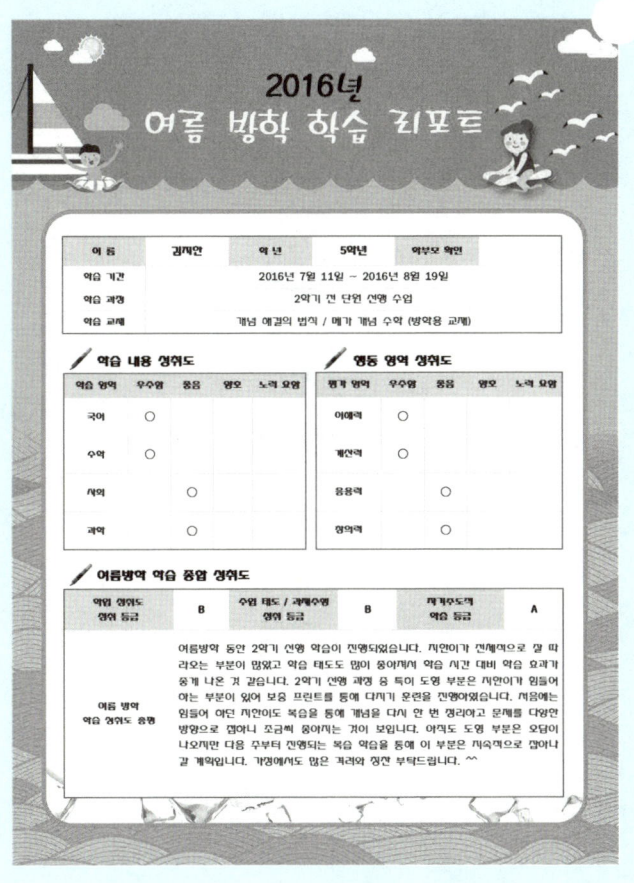

학생들과
라포
형성하기

요즘은 맞벌이 가정이 많습니다.

전업주부였던 학부모님도 자녀들이 커갈수록 직장을 구하는 경우가 많습니다. 그러다 보니 사춘기가 왔을 때 아이들은 부모님이 아닌 다른 대화 상대를 찾습니다. 그리고 초등학교 때와 중학교 때는 부모님보다 친구가 더 좋을 나이다 보니 어머님께서 아이를 통제하지 못하는 경우도 생깁니다.

그래서 저는 더욱 공부방 선생님의 역할이 중요하다고 생각합니다. 물론 '아. 선생님이 그런 것도 신경 써야 해? 너무 힘드네…'라고 생각하는 분들도 계시지요. 다양한 입장과 의견이 있을 수 있다고 생각합니다.

하지만 저는 학생의 공부뿐만이 아니라 학생이 어긋난 길로 빠지지 않고 공부에 집중할 수 있고, 공부를 해야 하는 이유와 목표를 만들어주는 것도 공부방 선생님의 역할 중 하나라고 생각합니다.

학생들과 대화를 하다 보면 안타깝게도 아직 꿈이 없는 학생들을 많이 봅니다. 그저 엄마가 시켜서, 학교에서 시험을 보니까, 다들 하는 거니까, 공부를 한다고 이야기합니다. 그런 학생을 볼 때마다 정말 안타깝지요.

어떻게 하면 공부에 욕심낼 수 있게 만들 수 있을까, 학생에게 어떻게 하면 동기부여를 할 수 있을까, 늘 고민이 많이 됩니다.

그래서 저는 학생들과 가끔 이야기하는 것을 좋아합니다. 졸려 하는 학생들을 깨우려는 방법의 하나로 인생(?)에 관한 이야기를 할 때도 있습니다. 아주 뻔한 교과서적인 이야기가 아닌 진심 어린 마음으로 조언을 해주고 싶습니다.

나 : 너희는 꿈이 뭐니? 커서 뭐가 되고 싶어?

학생A : 딱히 그런 거 없어요.

학생B : 잘 모르겠어요.

학생C : 그냥 우선 대학 가서 생각해 보려고요.

나 : 그래도 이거 하고 싶으니 이걸 목표로 대학을 가야겠다. 그런 거 있잖아.

학생A : 돈 많이 버는 직업이 뭐에요?

나 : 많지. 무조건 돈 많은 직업보다는 니가 관심 있는 분야 중에서 찾는 게 더 빨라.

학생B : 건물주가 돈 많이 번다.

나 : 그 건 니가 건물이 있을 때 이야기고… 너 없잖아… 정신 차려…

(학생들 웃는다. 웃으면서 잠도 깬다.)

나 : ○○이는 미술 쪽 좋아하잖아. 그쪽으로 갈 거야?

학생C : 모르겠어요. 엄마가 미술 쪽은 돈이 많이 들고 나중에 돈 못 번대요.

나 : 꼭 그렇지는 않아. 그렇지만 공부하려면 돈은 많이 들지.

학생A : 선생님. 의사 돈 많이 벌어요??

나 : 많이 벌지~~ 전문의 되면 정말 많이 번다. 선생님 직업도 좋다. 나 봐라.

학생C : 선생님 직업은 싫어요. 화병으로 죽을 것 같아요. 쌤 보면요.

나 : 아니야~ 나 봐라. 너희랑 있는 시간이 너무 행복하다.

학생B : 아닌 것 같은데… 쌤 맨날 화 참는 것 같던데.

나 : 티나?? 많이 나니? 하하하 아직 수련이 덜 되었군.

(학생들 웃는다.)

나 : ○○이는 뭔가 PD 되면 멋있을 꺼 같다. 너 연예인 좋아하잖아. PD되면 연예인 많이 만날 수 있고, 매일 붙어서 촬영한다. 나영석 PD 알지? 봐라 연예인이랑 친하잖아.

학생C : 근데 힘들어 보여요.

나 : 좋아하는 사람 매일 볼 수 있고, 니가 좋아하는 환경인데~ 막상 하면 넌 엄청 잘 할 꺼 같아.~~ 쌤도 PD 된 제자 함 만들어 보자. PD 되어서 쌤 공유 좀 소개해주라.

학생C : 공유 때문이죠? 크크크.

나 : 아니야~ 쌤이 그럴 사람으로 보이니?

학생C : 네~

나 : 그것도 티 나니? 암튼 멋진 직업임은 틀림없잖아. 그리고 ○○이 너는 피부에 관심 많잖아. 그럼 피부과 의사 하면 어때? 니가 관심이 많으니 아마 너는 특별한 치료법도 발명할 꺼다.

학생B : 의사하려면 공부 많이 해야 하지요?

나 : 지금 너처럼 하면 충분히 가능해. 쌤이 또 빡세게 공부 하나는 잘 시키잖아. 복 받은 줄 알아라.~

이런 대화를 자주 하다 보면 어느 순간 학생들이 고등학교를 갈 때쯤 되면 "나는 무엇이 되고 싶어요."라는 말을 하기 시작합니다. 목표가 생긴 것이지요. 그리고 그 목표를 위해 노력하는 모습을 보일 때면 얼마나 대견스러운지, 정말 뿌듯해집니다.

공부가 의무지만 그 공부가 어렵고 힘이 들 나이. 그 시기를 현명하게 지나가기 위해서는 아이들이 흔들리지 않게, 앞에서도 끌어주고 뒤에서도 밀어줄 필요가 있습니다.

부모님들이 뒤에서 든든히 받쳐주는 역할을 해준다면 우리 공부방 선생님들이 앞에서 끌어주는 역할을 해봅시다. 학생들과 많은 대화를 나누다 되면 아이들은 제 길을 잃지 않고 잘 도착할 수 있을 거라고 믿습니다. 자식과도 같은 아이들이 꿈을 찾는 속도가 늦더라도 조급해하지 맙시다. 아이가 길을 걷고자 했을 때 힘들지 않도록 선생님은 학생의 손을 놓지 않으면 됩니다.

오늘도 공부가 힘들다고 짜증을 내고, 의욕이 없어 보이는 학생들을 보면서 속을 끓이는 선생님들이 있을 겁니다. 하지만 누구나 그런 시기는 있잖아요. 저희 선생님도 다 그런 시기를 통과해 왔지요. 아이가 사춘기라는 시기를 잘 극복할 수 있게 토닥여주세요. 10년 후 누구보다도 행복하고 뿌듯한 건 바로 선생님일 겁니다.

'몸이 재산이다.'

이 말은 모든 일하는 사람에게 해당되지만, 공부방 선생님에게는 특히 더 마음에 와닿습니다. 회사원들은 몸이 아프면 연차를 사용해 하루 쉴 수 있고, 프로젝트를 할 때도 팀과 함께 일을 진행해 나가지요. 하지만 공부방은 1인 운영체제로 돌아가다 보니 병이 나도, 때로는 딱 하루만 쉬고 싶어도 그럴 수가 없지요. 대신 수업을 해줄 누군가가 없기 때문이죠. 그래서 힘든 일이 있을 때 더 외롭고 지칠 수 있는 직업입니다.

주위에 친한 동료 선생님을 만들어보세요. 자신이 가진 수업 스킬이 혼자만의 노하우라고 생각하지도 말자구요. 함께 나누고 발전시키는 것이 결국 자신이 더 발전할 수 있는 길입니다.

제가 이 책을 통해서 제 노하우를 공유하는 이유는 다른 선생님 누군가가 제 방법을 더 멋지게 변화 발전시킬 수 있고, 저는 또 그것에 자극을 받아 더 고민하고 노력하게 될 것을 알고 있기 때문입니다.

세상에 거저 얻어지는 것은 없다고 하지요.

노하우를 공개하면 나만 손해 아니냐 생각하기보다는, 함께 발전하는 길이라고 생각을 바꿔보세요. 그렇게 서로가 서로에게 좋은 에너지를 주고받는 거지요.

아파 죽을 것 같다가도, 아이들의 똘망한 눈망울을 보면 절로 미소 짓는 사람,

한 개라도 더 맞추게 하려고 시험이면 같이 날밤을 새는 사람,

어리숙했던 아이들이 달라지는 모습을 볼 때 가장 행복한 사람,

이 사람이 바로 공부방 선생님들입니다.

작은 공간에서 씨앗을 열매로, 나무로, 숲으로 만드는 우리 수학 공부방 선생님들.

저는 진심으로 응원합니다.

우리 모두 성공의 언덕에서, 꼭 만납시다.

오늘
당신 곁의 책

당신의 빛나는 경험과 지혜를
지금 황금열쇠와 손잡고
세상에 펼쳐보시기 바랍니다.
goldkey4you@naver.com (원고 투고, 문의)